梁启超家书

LIANG QICHAO

梁启超

梁启超——著

中国友谊出版公司

图书在版编目（CIP）数据

梁启超家书 / 梁启超著 . -- 北京：中国友谊出版公司，2022.12

ISBN 978-7-5057-5571-0

Ⅰ . ①梁… Ⅱ . ①梁… Ⅲ . ①梁启超（1873-1929）– 书信集 Ⅳ . ① K825.1

中国版本图书馆 CIP 数据核字 (2022) 第 184854 号

书名 梁启超家书
作者 梁启超
出版 中国友谊出版公司
发行 中国友谊出版公司
经销 新华书店
印刷 河北鹏润印刷有限公司
规格 880×1230 毫米 32 开
7.5 印张 209 千字
版次 2022 年 12 月第 1 版
印次 2022 年 12 月第 1 次印刷
书号 ISBN 978-7-5057-5571-0
定价 52.00 元
地址 北京市朝阳区西坝河南里 17 号楼
邮编 100028
电话 （010）64678009

目录

第一篇

（1898）

致李蕙仙书

1898 年 9 月 15 日

南海师来，得详闻家中近状，并闻卿慷慨从容，辞色不变，绝无怨言，且有壮语。闻之喜慰敬服，斯真不愧为任公闺中良友矣。大人遭此变惊，必增抑郁，惟赖卿善为慰解，代我曲尽子职而已。卿素知大义，此无待余之言，惟望南天叩托而已。令四兄最为可怜，吾与南海师念及之，辄为流涕。此行性命不知何如，受余之累，恩将仇报，真不安也。

译局款二万余金存在京城百川通，吾出京时，已全交托令十五兄，想百川通不至赖账。令兄等未知我家所在，无从通信及汇寄银两，卿可时以书告之，需用时即向令兄支取可也。闻家中尚有四百余金，目前想可敷用。吾已写信吴小村先生处，托其代筹矣。所存之银，望常以二百金存于大人处，俾随时可以便用，至要。若全存在卿处，略有不妥，因大人之性情，心中有话，口里每每不肯说出，若欲用钱时，手内无钱，又不欲向卿取，则必生烦恼矣。

望切依吾言为盼。卿此时且不必归宁（令十五兄云拟迎卿至湖北），因吾远在外国，大人遭此患难，决不可少承欢之人，吾全以此事奉托矣。卿之与我，非徒如寻常人之匹偶，实算道义肝胆之交，必能不负所托也。

吾在此受彼国政府之保护，其为优礼，饮食起居，一切安便。

张顺不避危难，随我东来，患难相依，亦义仆也。身边小事，有渠料理，方便如常，可告知两大人安心也。

九月十五日

致李蕙仙书

1898 年 9 月 23 日

九月二十三日书悉一是。吾在此乃受彼中朝廷之供养，一切丰盛，方便非常，以起居饮食而论，尤胜似家居也。来书问有立足之地，当速来接云云。立足之地何处无之，在此即无政府之供养，而著书撰报亦必可自给。然卿之来，则有不方便者数事：

一、今在患难之中，断无接妻子来同住，而置父母兄弟于不问之理，若全家接来，则真太费矣，且搬动甚不易也。

二、我辈出而为国效力，以大义论之，所谓匈奴未灭，何以家为。若以眷属自随，殊为不便。且吾数年来行踪之无定，卿已知之矣。在中国时犹如此，况在异域？当无事时犹如此，况在患难？地球五大洲，随处浪游，或为游学，或为办事，必不能常留一处，则家眷居于远地，不如居于近乡矣。

三、此土异服异言，多少不便，卿来亦必不能安居，不如仍在澳[1]也，此吾所以决意不接来也。此间情形及吾心事，具见于大人安禀及二弟书中，可以取观。

来书谓想吾必非一蹶不振之人，然待吾扬眉吐气时不知卿及见否云云。卿本达人，志气不同凡女子，何必作颓唐语乎？此次之变，以寻常理势论之，先生及吾皆应万无生理，而冒此奇险，若有神助，种种出人意外，是岂无故哉。益信天之所以待我者厚，而有以玉成之也。患难之事，古之豪杰无不备尝，惟庸人乃多庸福耳，何可自轻乎？卿固知我，然我愿卿之自此以后，更加壮也。

---

[1] 澳：这里代指澳门。

全书注释均参考《梁启超家书》，北京联合出版公司，2015 年版。

先生之教，道理极多，吾间未以语卿，卿如有向学之志，盍暇日常与二弟讲论之。卿家居无甚事，经此变后，益当知世俗之荣辱苦乐，富贵贫贱，无甚可喜，无甚可恼，惟有读书穷理，是最快乐事。有时忽有心得，其乐非寻常所可及也。卿盍从事于此乎？若有志则常就二弟及薇君相与讲求，久之，当想吾言之不谬也。

九月二十三日

第二篇

（1912—1919）

致思顺书

1912 年 12 月 5 日

十二、十三号禀皆收。

祖父南归一行，自非得已。然乡居如何可久，且亦今吾常悬悬。望仍以吾前书之意，力请明春北来为要。前托刘子楷带各物，本有虾油、辣椒两篓（津中尤物也，北京无之），后子楷言放在车中恐有气味为人所不喜，故已抽出矣。又小说两部呈祖父消闲，有摹本缎两段，乃赏汝两妹者，人各一套。问思庄何故写信与二叔而不与我。岂至今尚未得闲耶？其外国缎一段则赏汝者也。汝三人将所赏衣服穿起照一像寄我。金器两件赏汝，汝两妹亦各一件，此次汝姊妹所得独多，汝诸弟想气不忿矣。然思成所得《四书》乃最贵之品也。可令其熟诵，明年侍我时，必须能背诵，始不辜此大赉也。吾游曲阜可令山东都督办差，张勋[1]派兵护卫。吾亦极思挈汝行，若国内一年内无乱事，吾又一年内可以不组织内阁，则极思挈汝遍游各省。俾汝一瞻圣迹，但又不欲汝辍学耳。津村先生肯则诲汝中央银行制度大善大善，惟吾必欲汝稍学宪法行政法，知其大意（宪法所讲比较尤妙），经济学亦必须毕业，而各课皆须于三月前完了。试以商津村何如？经济学吾曾为汝讲生产论，故此可稍略，交通论中之银行货币既有专课尤可略，然则亦易了也。荷丈月入已八百，尚有数部，力邀彼往，其职约当前清之三品京堂。若皆应之则千余金可得。但今者报馆缺彼不可，印刷局在京非彼莫办也。

---

[1] 张勋（1854—1923），字绍轩，江西奉新人。北洋军阀，行伍出身。清末任云南、甘肃、江南提督，辛亥革命以后曾任江苏督军，长江巡阅使。1917 年发动政变，企图恢复帝制，史称“张勋复辟”。

而鼎父至今无着落，汝诸表兄日日来嬲我求差事，小四小八皆不自量，指缺硬索已四五次矣。吾亦无能为助甚矣，人贵自立也。

示娴儿。

饮冰　十二月五日

韩集本欲留读，因濒行曾许汝，故复以赉汝。吾又得一明刻本《李杜全集》字大寸许极可爱，姑以告汝，却不许撒娇来索。思成若解文学则吾他日赏之。

致梁思顺书

1912年12月

顷电汇四千，想先此书达。书言二千者，恐祖父见家费多，或生恼怒也。当告汝母切切不可再投机，若更失败，吾力亦实不逮也。本年不再寄家费，可否？老吴手法实不高妙，汝叔辈不放心用外人，牵率吾夫仍食初九下等之馆子菜，可谓冤极。然权在彼手，吾无如何也。我若反对，将并下等菜亦不给吃矣。我依然不名一钱，财权在汝叔手，吾独奈何！一笑。局面稍定，风波稍平，吾必易名厨，以偿口腹耳。

昨书言今日电四千，因荷丈终日会客，款未取得，明日当电，惟电二千，其二千则票寄也。北江处吾前月曾寄与二百，彼入东京或适得此款时亦未可知，不必深怪彼。故者无失其为故，凡事须为我留地步也（切嘱，切嘱）。岂可令人诮我凉旧者。吾若稍自贬损，月入万金不难，然吾不欲尔。今汝叔主意除两处家用外，欲为我每日储蓄二千，不知究能办到否。听汝叔为之，可也。此间自费有限，一切房租、食用、工钱等，皆报馆数，吾所用惟添置衣物及车马、请客等费耳。可以此告慰汝母。但宜力谏汝母，勿再投机，倘再失败，汝叔不允救济，吾亦无法也。藻孙陕款已交。

此纸不必呈祖父。

来禀称汝母为投机失败，忧心如焚，殊可怪。汝母何至不达如是（吾前书所言凡以戒再举耳）。凭吾之力，必可令家中无忧饥寒，汝母但专用力教诲汝辈足矣，何必更驰念及此耶，但此后必当戒断（切勿再贪此区区者），不可更为冯妇耳。此数日内先后电汇票汇共四千，可敷本年用否，来禀可详言之（究竟现在未偿之债尚几何，所需总数可详禀汝叔），此间尚随时可寄。顷汝叔以思成名义存万金于正金（定期预金防我滥用，汝叔专制极矣），汝叔之意，总欲稍积储以备不虞也，可持此慰汝母（汝母生日，吾本欲买些物奉寄，前日亲自出门一次即为此，乃徒为汝买金器、衣料等，竟不得一物与汝母，汝却借此荫得许多物矣。汝母所要之物，必为不值钱者，如火锅也，棉烟也，我却无法带来。王姑娘[1]亦未得一物，汝可问彼所欲，吾明年开河时赏之）。

十三号书悉，两次票汇顷想已到。目前当可敷衍过去，已与汝叔商，日间再汇千元，本年（指阳历也）当不至匮乏耶。此间因已存定期一万，不能取出，不然尚可稍多也。告汝母勿着急，为盼。子楷带去金器各物已收否？金价贱，吾尚欲为汝置办，可并问汝母欲何物。来喜有所欲，亦可给之。此纸可勿呈重堂。

十二月

[1] 王姑娘：梁启超偏房夫人王桂荃。

致思顺书

1912 年 12 月 16 日

十四、十五号禀均收。吾前为汝计学科，竟忘却财政学，可笑之至。且法学一面亦诚不欲太简略（国际法实须一学），似此非再延数月不可，每来复[1]十四小时大不可，吾决不许汝如此。来复日必须休息，且须多游戏运动。（可与诸师商，每来复最多勿过十时。因自修尚费多时也，可述吾意告之，必须听言，切勿着急。）从前在大同学校以功课多致病，吾至今犹以为戚。万不容再蹈覆辙，吾在此已习安，绝无不便。汝叔沪行亦未定（此事须俟荷丈一到沪乃定），即行后吾亦能自了，得汝成学，吾愿大慰，诸师既如此相厚，尤不可负。且归后决无从得此良师，今但当以汝卒业为度，不必计。此间请商诸师，若能缩短数月固佳，否则迳如前议至明年九月亦无不可，一言蔽之，则归期以诸师之意定之。汝必须顺承我意，若固欲速以致病是大不孝也。汝须知汝乃吾之命根。吾断不许汝病也。前已合寄四千谓夙逋可耳，何尚需尔许耶？此间已无存（有万金存定期不能取出），本月收入须月杪乃到手，明日只得设法向人挪借，若得当电汇以救急耳。子楷带去各物已收否？祖父想已旋南耶。

示娴儿。

饮冰　十二月十六夕

[1] 来复：一个星期。

致梁思顺书

1912 年 12 月 18 日

第十六号禀悉，款三千顷往银行借取，明后日当电汇，想先此书达矣。顷见报，知米复大落，不知汝母稍有所获否？此后波澜必仍甚多，然切勿见猎心喜，吾家殆终不能享无汗之金钱也。《庸言报》第一号印一万份，顷已罄，而续定者尚数千，大约明年二三月间，可望至二万份，果尔则家计粗足自给矣（火车站零卖，每册卖五六角，熊秉丈即出六角购一本，到家中硬向我索回三角，谓要赔偿损害，吾将予之兴讼）。若至二万份，年亦仅余五六万金耳，一万份则仅不亏本，盖开销总在五万金内外也。惟此五万金中，我与汝叔薪水居四分之一有奇耳。吾初到时殆一无费用，近则已作地主，酒食之费颇繁，吴厨之菜太不能出台，有客来率皆往外叫菜。其他借贷亦不少，大约每月自费亦数百也。自正月起，月寄家八百便是，告汝母勿忧。

日来频见魏铁丈大快，彼言将用册页写《圣教序》一本赠汝也（彼近年专写张猛龙《圣教序》，郑文公欲合三者自成一家，正与我同。吾爱女之名举国皆知，故交相见者，无不问汝，却无人问思成以下）。铁丈见思成之字大激赏，谓再一二年可以跨灶，思成勉之。崇雨铃之《圣教序》原本，吾已见之，爱不忍释，使非为米所累，此物必归吾家矣。即擎一携来之玻璃影印本之原本也。祖父生日合家所照相，即寄一份来，吾久欲见此，屡次书皆忘写及耳。

汝求学总不必太急，每来复十四小时总嫌太多，多留两三月，绝不关紧要。吾今甚安习，全眷来反嫌吵闹也。

汝母所索物，吾尚能供（本月却真不能），但不识有此物否耳，且今亦无从寄往，汝母待归来自置何如？王姑娘之镯开河第一次船便可得，可先告彼（实则并未冰河，一月来甚暖，不如初至时之寒也）。

祖父归乡后,汝与思成每十日必须寄一安禀往,吾书亦当择寄去(吾题汝日记书共有若干字，可检来当为汝再写一通，又吾诗副本可检寄）。连日为客所困，惫甚。第三号文尚未脱稿也。

示娴儿。

饮冰　十二月十八

致思顺书

1912年12月20日

得书知添一幼弟，甚喜慰，想母子平安耶？祖父命以何名，想有书在途矣，大版《通鉴》不须汝索，已嘱擎一购寄，非久或将寄至矣。王姑娘赏品必给之，但无便人，恐难寄耳。汝母耳珰，则俟归来自置何如。读报见米价落，疑必小有所获，但兹事总极险，终以戒断为善，可仍常谏汝母也。吾昨夕因得须磨书，烦躁异常，又见国事不可收拾，种种可愤可恨之事，日接于耳目，肠如涫汤，不能自制。昨夕大雪，荷丈与汝叔皆外出游乐，吾独处不适，狂饮自遣，今宿酒末解，得汝书极慰耳。因思若吾爱女在侧，当能令我忘他事，故念汝不能去怀，昨夕酒后作一短简，今晨视之乃连呼汝名耳，可笑之至，今不复寄，以乱汝意，吾须欲汝侍我，然欲汝成学之心尤切也。几欲东渡月余，谢绝一切，以自苏息也，大抵居此五浊恶世，惟有雍乐之家庭，庶少得退步耳。吾实厌此社会，吾常念居东之乐也。汝求学不可太急，勿贻吾忧。

示娴儿。

饮冰　十二月二十日

前书索全家相片，想已寄出，汝近顷照相否，吾极欲见汝近影。乡书仍寄艺新否？一稟可加封寄。

致梁思顺书

1913 年 4 月 18 日

吾党败矣。吾心力俱瘁（敌人以暴力及金钱胜我耳），无如此社会何，吾甚悔吾归也（党人多丧气，吾虽为壮语解之，亦复不能自振）。吾复有他种刺心之事，不能为汝告者，吾心绪恶极，仍不能不作报中文字（报却可作乐观，已销万五千份矣，个人生计良得也），为苦乃不可状。执笔两小时乃不成一字（催稿急于星火），顷天将曙，兀兀枯坐而已（汝叔偕荷丈入京，吾独处斗室中）。吾每不适，则呼汝名，聊以自慰，吾本不欲告汝，但写信亦略解吾烦忧也。汝何故数日无书来，何不述家中可喜之事一告我耶？惟汝断不许缘忧我之故而荒学或致病，果尔，是重吾忧也。吾今拟与政治绝缘，欲专从事于社会教育，除用心办报外，更在津设立私立大学，汝毕业归，两事皆可助我矣。若能如此，真如释重负，特恐党人终不许我耳（所谓党人者共和党也。民主鬼吾恨之刺骨）。当失意时更不能相弃也。作今日之中国人安得不受苦，我之地位更无所逃避。诗云："夭夭沃沃，乐子之无知。"最可羡者，思庄、思达辈耳。

示娴儿。

饮冰四月十八夕

希哲大约明年入大学为教授。

致梁思顺书

1913 年 4 月 29 日

顷方发一书，旋得第四（月）十六七号禀，悉一切。德界屋早已定妥，绝非僻远（远则存之，僻则未也，然远亦对今寓言耳），无所杞忧。党事本欲脱卸，然势相迫不能休，真有风利不得泊之感也。顷复允受任，日间又须入都矣。荷丈佛丈前皆极沮吾与闻党事，今亦谓不能脱卸，此无如何也。要之，生为今日之中国人，安得有泰适之望，如我者则更无所逃避矣。佛、荷诸公愤世已极（信未发适得北京电话，今日众议院议长又举不成，大约局面破裂即在目前。汝归来欲入京一游，恐亦未必能也，可叹，可痛），终日相对惟作悲观语，悲不可解，则寄情于游乐，吾三日来未做一正事也。吾当有事可办时，不甚思家，稍闲闷则念汝曹不置，今越三来复即见汝，吾亦至欣想也。顷电三千五百元，想已收。行赀当无缺耶？可省仍宜稍省，大乱若至，衣食亦可虑也。

示娴儿。

饮冰　二十九

仆妇须在此间先雇否，日婢带来后，木器等不必多带，临行时，汝必须挈诸弟往游存处辞行，至要至要。

致梁思顺书

1915 年 4 月 15 日

今夜乘新济船行，四点出帆，约初六可抵沪也。荷丈竟不能成行，此亦无害。吾沿途必能自慎摄，家人勿以为念也。中原公司日内收股，家中能凑出三千元否，可交藻孙与幼珊交涉。汝所有薄工资财亦可附两小股（三百元），更附黄孟曦罐子股二三百元。一切皆托藻孙可也。此间所存六衣箱已移至马朝利新宅，其余各杂物则扃在一房中，钥亦交彼，迁居时往取可也。

饮冰 十五日

致梁思顺书

1915 年 8 月 23 日

书悉。来复六能来，甚佳。柳溪劝吾来复五入都，吾仍欲再迟一来复乃往也。来时可将前在马场道屋所用门帘之挂木带来，汝所住房顷尚未挂帘，吾拟即用此，无取别费另造也。又吾有书与潘琼笙，嘱将吾所著书报（如政治论集之类，六大政治家之类皆要）取一全份来，可告姑丈往检，无论整部零册，尽所有各取一二部（文集能多取数部最佳，恐无有耳）来可也。吾不能忍（昨夜不寐，今八时矣），已作一文交荷丈带入京登报，其文论国体问题也。若同人不沮，则即告希哲，并译成英文登之。吾实不忍坐视此辈鬼蜮出没，除非天夺吾笔，使不复能属文耳。

二十三晨

吾别草一文，题目《中国与土耳其之异》，为《京报》作也。已嘱秉均抄副交志先，此文可登英文报，汝可向秉均索取，与希哲共译之。篇首仍作数语，云本报请某人赐文一篇，幸得许可为此，不胜荣幸云云，示偶作，非常作耳。

致思顺书

1916 年 1 月 2 日

王姨今晨已安抵沪，幸而今晨到，否则今日必至挨饿。因邻居送饭来者已谢绝也（明日当可举火，今日以面包充饥）。此间对我之消息甚恶，英警署连夜派人来保卫，现决无虞。吾断不致遇险。吾生平所确信，汝等不必为我忧虑。现一步不出门，并不下楼，每日读书甚多，顷方拟著一书名曰《泰西近代思想论》，觉此于中国前途甚有关系，处忧患最是人生幸事，能使人精神振奋，志气强立。两年来所境较安适，而不知不识之间德业已日退，在我犹然，况于汝辈，今复还我忧患生涯，而心境之愉快视前此乃不啻天壤，此亦天之所以玉成汝辈也。使汝辈再处如前数年之境遇者，更阅数年，几何不变为纨绔子哉。此书可寄示汝两弟，且令宝存之。

民国五年一月二日

致思顺书

1916年1月7日

数日未得书报，而母近状甚念，甚念，比已出院否？体复元否？曾发见他病否？若因此而更除杂病，益健康，则未始非福耳。此间甚安，吾每日早睡早起，眼病亦渐痊，可每日读书作文甚多，此时暂不他行，一切饮食起居皆王姨一人料理，闻彼曾寄一和文信已收否？至为稳便，汝曹不必远念。

民国五年一月七日

来书总宜外加一封电日邮发。

致思顺书

1916 年 2 月 8 日

书及禧柬并收，屋有售［买］主速沽为宜，第求不亏已足，勿计赢也。此著既办，冰泮后即可尽室南来，赁庑数椽，齑盐送日，却是居家真乐。孟子言："生于忧患，死于安乐。"汝辈小小年纪，恰值此数年来无端度虚荣之岁月，真是此生一险运。吾今舍安乐而就忧患，非徒对于国家自践责任，抑亦导汝曹脱险也。吾家十数代清白寒素，此乃最足以自豪者，安而逐腥羶而丧吾所守耶？此次义举虽成，吾亦决不再仕宦，使汝等常长育于寒士之家庭，即授汝等以自立之道也。吾近来心境之佳，乃无伦比，每日约以三四时见客治事，以三四时著述，余晷则以学书（近专临帖不复摹矣），终日孜孜，而无劳倦，斯亦忧患之赐也。

民国五年二月八日

致梁思顺书

1916年2月28日

二十日禀（八日乃到，甚迟迟矣）悉……确有前书，然则果失落矣。吾仍非久图南（当在十日内外首途），但目的地非滇而桂（桂中两度密使来）也。此行乃关系滇黔生死，且全国国命所托（吾未有函告季丈，汝见时可言及），虽冒万险万难不容辞也。此间同人询谋佥同，无一人主张不往，以荷丈之警敏，静生之安祥，叔通之细密，亦咸谓非去不可，想季丈在此亦无异辞也。顷荷曦已先行，吾亦候船（拟租一日本船往）发矣。廷献[1]不来，亦无不可，廷灿[2]确可用，吾偶未思及耳。然此时暂用不着，待吾入粤时乃唤来可耳。要之，吾此后拟不用仆役，专用子侄也。孝勉是老几，是在经界局者否？抄写人确不可少，亦俟到粤后乃唤取可耳。吾为李家子弟计，若稍有志气者，现在以一二人入滇黔，与乡人同患难，将来见重于新政府，而家运借以进展。无如诸子多碌碌也，则亦听之而已。

房子暂缓卖，即亦无妨，一切由汝母及汝叔主之，吾亦此等事毫无容心也。希哲南洋之行已罢议，彼欲回津一料理，待吾行后即令彼行，吾到粤时乃需彼耳。伯瑛夫妇至可感，当别以书谢之。任发有长处，吾固知之，苟非尔者早挥之去矣。最错一着，是带任老太太来，否则无甚事也（昨晨又怄一场气，因来喜往医院诊病，吾起时老太太因阅数时不扫房间，当差不妥，说了他两句，老太爷遂冲气去了，直至十二时半从医院归，乃能做饭）。今日吾寿辰，此间至密之数友来

[1] 廷献：梁廷献，梁启超的族侄。

[2] 延灿：梁延灿，梁启超的族侄。

寓置酒为乐，亦颇热闹，但人不多，本欲寻一两种游戏之娱，竟不能成也。吾行后当即遣王姨返津，此间屋当即退租矣。

二月二十八日手谕

致思顺书

1916年3月18日

寄去《从军日记》一篇，共九页，读此当详知吾近状。书（此间无书不拆故不敢付邮）辗转托递，恐须一月后乃达，其时吾踪迹当暴露于报中矣。此记无副本，宜宝存之，将来以示诸弟，此汝曹最有力之精神教育也。文辞亦致斐亹可观矣。吾尚须留此六日，一人枯坐，穷山所接，惟有佣作，然吾滋适，计每日当述作数千言也。王姨计已返津，汝等见报知我已入粤时（粤事定时），即当遣王姨来港（到港住家中，问永乐街同德安便知港家所在），候我招之。盖到粤后不便久与陆同居。一分居后，非王姨司我饮食不可，彼时之险，犹过于居沪时也。越南入境如此其难，汝母归宁只得从缓一两月后，局面剧变，彼时或可自由行动也。

民国五年三月十八日　自越南帽溪

致梁思顺书

1916年3月20日—21日

吾居此山陬四日矣。今夕乃忽烦闷（主人殷勤，乃愈增吾闷）不自聊，盖桂使尚须八九日乃至也。最苦者烟亦吸尽无可买（夜间无茶饮，饭亦几不能入口，饥极，则时亦觉甘），书亦读尽，一灯如豆，虽有书亦不能读也。前此三日中作文数篇（有日记寄去，已收否？不见日记则不知吾此书作何语也），文兴发则忘诸苦，今文既成，而心乃无所寄，怅怅不复能为怀。此间距云南仅三日程，吾悔不于初到时即一往彼，吾深负云南人，彼中定怨我矣。稍淹信宿，更折而回，犹未晚也。呜呼，吾此时深望吾爱女，安得汝飞侍我旁耶？吾欲更作文或著书以振我精神，今晚已瞢瞢不能属思，明日誓当抖擞一番也。吾欲写字，则又无纸，箧中有笺数十幅，珍如拱璧，不敢浪费也。离沪迄今虽仅半月，而所历乃至诡异，亦不能名其苦乐，但吾抱责任心以赴之，究竟乐胜于苦也。约二十七八乃能行，行半月乃能至梧州，此后所历更不知若何诡异，今亦不复预计。极闷中写此告家人。

由帽溪山庄　三月二十日

孟曦昨日至海防，即夕入云南，觉顿早安抵梧州。

嗟夫思顺，汝知我今夕之苦闷耶？吾作前纸书时九点耳，今则四点犹不能成寐。吾被褥既委不带，今所御者，此间佣保之物也，秽乃不可向迩。地卑湿蚤缘延榻间以百计，嘬吾至无完肤，又一日不御烟卷矣。能乘此戒却，亦大妙。今方渴极，乃不得涓滴水，一灯如豆，油且尽矣，主人非不殷勤，然彼伧也，安能使吾适者。汝亦记台湾之游矣，今之不适且十倍彼时耳。因念频年佚乐太过，致此形骸，习于便安，不堪外境之剧变，此吾学养不足之明证也。人生惟常常受苦乃不觉苦，不致为苦所窘耳。更念吾友受吾指挥效命于疆场者，其苦不知加我几十倍，我在此已太安适耳。吾今当力求睡得，睡后吾明日必以力自振，誓利用此数日间著一书矣。

二十夜、晨

此间寄书殊不易，吾且作此留之，明日或更有所作，积数纸乃寄也。吾今日甚好，已着手著书，可勿念。

二十一日

致思顺书

1916 年 3 月 26 日

娴儿读：

吾今成行矣。在此山中恰已十日，而其间却有一极危险之纪念。盖此间有一种病，由烈日炙脑而生者，故土人必以黑布裹头（印度人之红布亦为此）。吾初至之日，主人本已相告，而我不检，乃竟罹之。记一夕曾作书与汝，谓薅闷思家，不能成寐，不知为此病之发也。明晨起来稍觉清明，及下午而热大起，一夜之苦痛，真非言语所能形容。孑身在荒山中，不特无一家人且无一国人，实则终日室中并人而无之，若其夕死者，明日乃能发见。灯火尽熄，茶水俱绝，此时殆惟求死，并思家人之念亦不暇起矣。明晨人来省视，急以一种草药（专治此病之药）治之，不半日竟霍然若失，据言幸犹为轻症，然若更一日不治，则亦无救矣。险者！病起后，脑无一事，于是作《国民浅训》一书，三日夜成之，亦大快也。二黄皆已往云南，吾一人独入桂，尚须挟骑走山中四日乃能易舟也。自此以往皆坦途，可勿念。病虽痊愈，然两日来浑身发痒，搔之则起鳞粟，今遍体皆是，非蚤所啮也，不解何故？此地卑湿，非吾侪所堪，幸即离去，否则必再生病也。

民国五年三月二十六日

致梁思顺书

1916年4月3日

娴儿读：

吾于阳历三月二十七日入镇南关（吾孑身行耳，盖黄溯初、黄孟羲皆往滇未返也），当即寄一纸，想已达。吾在越南十日，实历无量艰辛。盖伪政府已知吾在彼，谍骑四布，必欲暗杀，次则截留，由海防经河内、谅山以达镇南关，汽车须两日程，每站皆有敌谍，群以为吾决无飞渡之理。而二十七日午后三时，镇南关大悬国旗，列队肃肃，到车站军乐爆竹声中，簇拥我入关矣。料敌人必当叹为神助，然吾实已忍饥两日，露宿一宵，至今念之犹痛怖也。在关一宿，翌晨（二十八日）破晓即首途赴龙州，山程百五十里，吾驰马行（中间亦易舟），到时日未晡也。而沿途所经市镇村落，皆悬旗燃爆欢迎，父老相携，迎送十里外。及抵龙州，则全城爆竹声，喧天沸地，父老儿童皆感极而泣。良不知其何以如是，盖绝非由军吏之教劝也。其夕接到全省各军官欢迎电数十通，而陆督[1]及荷丈（荷丈早已由梧入）皆有电来商要事，吾一一作答，又须致电云、贵、蜀、湘各处。是夜又竟夕不寐。盖方行百五十里，而后熬此一夜，疲倦极矣。龙州各团体预备欢迎，请演说者凡六七处，然吾以急于晤陆督，虽一日不能淹，又不便辜负其盛意。因使之合并，于翌晨午前往莅。然扰须到两处，其一则龙州各团体之联合，其二则广东会馆也。二十九日晨接见各军官地方官后，即往演说，演毕即乘

[1] 陆督：广西都督陆荣廷。广西武鸣人，壮族。辛亥革命时，广西宣布“独立”，被推为副都督，后为都督。

船下南宁，倾城出送，亘江千数里，人如堵墙。然吾目不交睫，手口不暂辍者，已三十八小时矣。水浅不能通轮舟（陆道本可通，惟太辛苦，故改水路），雇民船行，军署派队三十人护送，矮篷货船共两艘，与军士同纵横卧一舱中，此况味亦二十年（吾幼时由乡往省赴试时未有轮船，曾经此况）所未经也。至四月初三日行至镇龙村地方，始有兵轮舣此相迓，盖已行六日矣。明午便可抵省城南宁，苟无兵轮，尚须行三日也。陆督本在梧州行营，特返南宁相迎，明日相见后，商定一切，便当携手东下故乡矣。龙觐光已缴械投诚，顷已将其人俘归（昨已至）南宁，极优待之。钦廉已下，海运顿通，此后进取益易矣。舟中匆匆写此，余续闻。即呈仲父及季丈阅。

广西第六号巡轮发　四月初三晚

昨电托云南日领事属电津领来报平安，不知曾道否？

致思顺书

1916年5月3日

吾日内即往日本，在彼半月当归沪小住，途旅甚安，同行保护之人不乏，可勿远念！汝辈学业切宜勿荒。荷丈家中常往存问。

民国五年五月三日

王姨即遣来沪，在沪待我归，已租定住宅，到沪时往周家问询便得。此事极要。

致思成思永书

1916 年 6 月 22 日

思成、思永同读：

来禀已悉。新遭祖父之丧，来禀无哀痛语，殊非知礼。汝年幼姑勿责也。汝等能升级固善，不能也不必愤懑。但向果能用功与否，若既竭吾才则于心无愧。若缘怠荒所致，则是自暴自弃，非吾家佳子弟矣。闻汝姊言，汝等颇知习在苦学俭朴，吾心甚慰，宜益图向上。吾再听汝姊考语，以为忧喜也。

民国五年六月二十二日

致思顺书

1916 年 10 月 11 日

月来季常[1]丈在此同居，所益不少，前游杭游宁，皆备极欢迎，想在报中已见一二。顷决于十五日返港，省奠灵帏，且看察情形，能否卜葬，若未能，则住港两旬必仍返沪，便当北归小住也。写至此，接来禀，悉一切。希哲[2]就外交部职无妨，吾亦托人在国务院为谋一位置，未知如何？领事则须俟外交总长定人乃可商。但做官实易损人格，易习于懒惰于巧滑，终非安身立命之所，吾顷方谋一二教育事业，希哲终须向此方面助我耳。十二舅事，循若复电言运使已允设法，吾亦已电告汝母矣。别纸言《京报》事，可呈汝叔。

民国五年十月十一日

忽然想起来了，据廷灿说，我那晚拿一张纸写满了“我想我的思顺”、“思顺回来看我”等话，不知道他曾否寄给汝看。

---

[1] 季常（1876—1930）即蹇念益，号季常，遵义老城人，比梁启超小三岁，因政治主张相近，二人结为莫逆之交。

[2] 希哲，周希哲，梁思顺的丈夫。

致思顺书

1919 年 12 月 2 日

得十月二十一日禀，甚喜，总要在社会上常常尽力，才不愧为我之爱儿。人生在世，常要思报社会之恩，因自己地位做得一分是一分，便人人都有事可做了。吾在此作自己，已成六七万言，本拟再住三月，全书可以脱稿，乃振飞接家电，其夫人病重，本已久病，彼不忍舍我言归，故延至今。归思甚切。此间通法文最得力者，莫如振飞，彼若选行，我辈实大不便，只得一齐提前，现已定阳历正月二十二日船期，若阴历正月杪可到家矣。一来复后便往游德国，并及奥、匈、波兰，准阳历正月十五前返巴黎，即往马赛登舟，船在安南停泊，约一两日，但汝切勿来迎，费数日之程，挈带小孩，图十数点钟欢聚，甚无谓也。但望汝一年后必归耳。

父示娴儿。

民国八年十二月二日

第三篇

（1920—1928）

致思顺书

1920 年 4 月 20 日

吾方与汝母言，已久不得汝书，颇悬悬。汝母谓我归来仅逾月，汝已有一书，不可谓稀，语未终而汝第二书至，吾喜可知也。吾归后极安适，惟客不断，著述又不容缓，顷已全规复两年前生活，动辄夜分不寝，此亦无可如何也。前吾极欲希哲调欧，惟汝母言决不欲就汝等迎养，吾一时又未必能再远游，则亦不欲汝更远离，我已不复作此运动，闻盎威斯领事已别定人矣。汝研究欧、美妇人问题，欲译书甚好，可即从事，我当为汝改削出版，顷吾方约一团体，从事斯业也。今年能归来度岁否，甚望甚望。《欧游心影录》汝已见否？

民国九年四月二十日

致梁思顺书

1920年7月20日

不寄书已两月余，想汝等极绝望矣。吾日常起居，计思成等当详相告。顷国内私斗方酣，津尚安堵，惟都中已等围城，粮食断绝，兵变屡发（五日来火车、电报、电话皆不通，无从得都中消息）。汝二叔全眷未移，至可悬念，然不出三日，诸事亦当解决矣。吾一切不问，安心读书著书，殊畅适。惟日来避难来津者多，人事稍繁杂耳。兹有寄林振宗一信，并中国公学纪念印刷品两册（胡适之即在本公学出身者，同学录中有名），可交去并极力鼓其热心，若彼能捐五十万，则我向别方面筹捐更易，吾将以此为终身事业，必能大有造于中国。彼若捐巨款，自必请彼加入董事，自无待言，此外当更用种种方法为之表彰名誉，且令将来学生永永念彼也。

汝前信言彼欲回国办矿，若果有此意，吾能与以种种利便。前随我游欧之丁文江任地质调查所所长多年，中国何处有佳矿，应如何办法，情形极熟，但吾辈既无资本，只得秘之，以俟将来耳。又有挚友刘厚生（张季直手下第一健将，曾任农商次长，近三四年与我关系极深，汝或未知其人），注意矿事十年，规模宏远，渠办纺绩业获利数百万，尽投之以探矿，彼誓以将来之钢铁大王自命，所掇得铁矿极多，惜多在安徽境内，倪嗣冲尚在，不敢开办耳。现在拟筹极大资本办铁厂，林君欲独立办矿，或与国内有志者合办，吾皆能为介绍也。可将此意告之，日来直派军人频来要约共事，吾已一概谢绝，惟吴佩孚欲吾为草宪法，上意见书，吾为大局计，亦将有所发表耳。本定本月南下，往江西讲演，现因道梗，一切中止矣。汝姑丈新得一子，汝已知否？

父示娴儿，并问希哲近佳。

七月二十日

致思顺书

1921 年 5 月 16 日

三次来禀均收，吾自汝行后，未尝入京，且除就餐外，未尝离书案一步，偶欲治他事，辄为著书之念所夺，故并汝处亦未通书也。希哲在彼办事，想极困衡，但吾信希哲必能渡诸难关，望鼓勇平心以应之。薛敏老等来已见（彼已往美），吾略为擘画，彼辈似亦甚满足，他事如常，无可告，聊书数行，慰汝远念耳。

民国十年五月十六

致思顺书

1921 年 5 月 30 日

我间数日辄得汝一书，欢慰无量。昨晚正得汝书，言大学校长边君当来，今晨方起，未食点心，此老已来了，弄得我狼狈万状，把我那“天吴紫凤”的英话都迫出来对付了十多分钟，后来才偕往参观南开，请张伯苓当了一次翻译。彼今日下午即入京，我明晨仍入京，拟由讲学社请彼一次，但现在京中学潮未息，恐不能热闹耳。某党捣乱此意中事，希哲当不以介意，凡为社会任事之人必受风波，吾数十年日在风波中生活，此汝所见惯者，俗语所谓见怪不怪，其怪自败，吾行吾素可耳。廷伟为补一主事，甚好。尝告彼“学问是生活，生活是学问”，彼宜从实际上日用饮食求学问，非专恃书本也。汝三姑嘉礼日内便举行，吾著书已极忙，人事纷扰，颇以为苦，但家有喜事，总高兴耳，王姨有病入京就医，闻已大痊矣。

父示娴儿。

民国十年五月三十日

致思顺书

1921 年 7 月 22 日

吾日来极感希哲有辞职之必要，盖此种鸡肋之官，食之无味，且北京政府倾覆在即，虽不辞亦不能久，况无款可领耶？希哲具有实业上之才能，若更做数年官，恐将经商机会耽搁，深为可惜。汝试以此意告希哲，若谓然，不妨步步为收束计（自然非立刻便辞）。汝母颇不以吾说为然，故吾久未语汝，但此亦不过吾一时感想，姑供汝夫妇参考耳。希哲之才，在外交官方面在实业方面皆可自立，但做外交官则常须与政局生连带关系，苦恼较多也。此所说者，并非目前立刻要实行，但将个中消息一透露，俾汝辈有审择之余裕耳。

民国十年七月二十二日

致成、永、忠书

1922 年 11 月 23 日

前得汝来禀，意思甚好，我因为太忙，始终未谕与汝等。前晚陈老伯请吃饭，开五十年陈酒相与痛饮，我大醉而归。（到南京后惟此一次耳，常日一滴未入口。）翌晨六点半，坐洋车往听欧阳[1]先生讲佛学（吾日日往听），稍感风寒，归而昏睡。张君劢[2]硬说我有病（说非酒病），今日径约第一医院院长来为我检查身体。据言心脏稍有异状，我不觉什么。惟此两日内脑筋似微胀耳。君劢万分关切。吾今夕本在法政专门有两点钟之讲演，君劢适自医生处归，闻我已往（彼已屡次反对我太不惜精力，彼言如此必闹到脑充血云云），仓皇跑到该校，硬将我从讲坛上拉下，痛哭流涕，要我停止讲演一星期，彼并立刻分函各校，将我本星期内（已应许之）讲演，一概停止。且声明非得医生许可后，不准我再讲。我感其诚意，已允除本校常课（每日一点钟）外，暂不多讲矣。彼又干涉我听佛经（本来我听此门功课用脑甚劳），我极舍不得，现姑允彼明晨暂停（但尚未决）一次。其实我并没有什么，不过稍休息亦好耳。因今晚既停讲无事，故写此信与汝等，汝等不必着急，吾自知保养也。

父谕成、永、忠。

民国十一年十一月二十三日

---

[1] 欧阳（1871—1943）即欧阳渐，字竟无，江西宜黄人。近现代著名佛学大师，1918 年与章太炎筹建支那内学院，培养佛学人才。

[2] 张君劢（1887—1969），原名嘉森，字士林，号立斋，笔名君劢，江苏宝山（今上海市宝山区）人。近现代学者，著名政治家、哲学家，被部分学者认为是早期新儒家的代表之一。他早年追随梁启超从事立宪活动。

致思顺书

1922 年 11 月 26 日—29 日

我的宝贝思顺：

我接到你这封信，异常高兴，因为我也许久不看见你的信了，我不是不想你，却是没有工夫想。四五日前吃醉酒。你勿惊，我到南京后已经没有吃酒了，这次因陈伯严[1]中国现代最负盛名历史学家、语言学家。老伯请吃饭，拿出五十年陈酒来吃，我们又是二十五年不见的老朋友，所以高兴大吃。

忽然想起来了，据廷灿说，我那晚拿一张纸写满了“我想我的思顺”、“思顺回来看我”等话，不知道他曾否寄给汝看。

你猜我一个月以来做的什么事，我且把我的功课表写给汝看。

每日下午二时至三时在东南大学讲《中国政治思想史》。除来复日停课外，日日如是。

每来复五晚为校中各种学术团体讲演，每次二小时以上。

每来复四晚在法政专门讲演，每次二小时。

每来复二上午为第一中学讲演，每次二小时。

每来复六上午为女子师范讲演，每次二小时。

每来复一、三、五从早上七点半起至九点半，最苦是这一件，因为六点钟就要起来。我自己到支那内学院上课，听欧阳竟无先生讲佛学。

此外各学校或团体之欢迎会等，每来复总有一次以上。

---

[1] 陈伯严（1859—1937），原名陈三立，字伯严，号散原，江西义宁人。著名的国学大师，近代诗文名家，被誉为中国最后一位传统诗人。他是陈寅恪的父亲。

讲演之多既如此，而且讲义都是临时自编，自到南京以来（一个月）所撰约十万字。

张君劢跟着我在此，日日和我闹，说“铁石人也不能如此做”，总想干涉我，但我没有一件能丢得下。前几天因吃醉酒（那天是来复二晚），明晨坐东洋车往听佛学，更感些风寒，归来大吐，睡了半日。君劢便说我有病，到来复四日我在讲堂下来，君劢请一位外国医生等着诊验我的身体。奇怪，他说我有心脏病，要我把讲演著述一概停止（说我心脏右边大了，又说常人的脉只有什么七十三至，我的脉到了九十至）。我想我身子甚好，一些不觉得什么，我疑心总是君劢造谣言。那天晚上是法政学校讲期，我又去了，君劢在外面吃饭回来，听见大惊，一直跑到该校，从讲堂上硬把我拉下来，自己和学生讲演，说是为国家干涉我。再明日星期五，我照例上东南大学的讲堂，到讲堂门口时，已见有大张通告，说梁先生有病放假，学生都散了，原来又是君劢捣的鬼。他已经立刻写信各校，将我所有讲演都停一星期再说。

以上二十八日写

医生说不准我读书著书构思讲演，不准我吃酒（可以吃茶吃烟）。我的宝贝，你想这种生活我如何能过得。

二十八晚写

神经过敏的张君劢，听了医生的话，天天和我吵闹，说我的生命是四万万人的，不能由我一个人做主，他既已跟着我，他便有代表四万万人监督我的权利和义务。我们现在磋商的条件：

1. 除了本校正功课每日一点钟外，其余讲演一切停止。

2. 除了编《中国政治思想史》讲义，其余文章一切不作。

3. 阳历十二月三十一日以前截止功课，回家休息。

4. 每星期一、三、五之佛学听讲照常上课（此条争论甚烈，君劢现已许我）。

5. 十日后医生诊视说病无加增则照此实行，否则再议。

我想我好好的一个人，吃醉了一顿酒，被这君劢捉着错处（呆头呆脑，书呆子又蛮不讲理），如此其欺负我，你说可气不可气。君劢声势汹汹，他说我不听他的话，他有本事立刻将我驱逐出南京。问他怎么办法？他说他要开一个梁先生保命会，在各校都演说一次，不怕学生不全体签名送我出境。你说可笑不可笑。我从今日起已履行君劢所定契约了，也好，稍为清闲些。

懒得写了，下回再说。

以上二十九日

民国十一年十一月

致思顺书

1922 年 12 月 25 日

宝贝思顺：

十二月十二日的信收到了，欢喜得很。我现在还在南京呢。今日是护国军起义纪念日，我为学界全体讲演了一场，讲了两点多钟。我一面讲，一面忍不住滴泪。今把演稿十来张寄给你。我后日又要到苏州讲演，因为那里学生盼望太久了，不能不去安慰他们一番，但这一天恐怕要很劳苦了。我虽然想我的宝贝，但马尼拉我还是不愿意去，因为我不同你妈妈，到那里总有些无谓的应酬，无谓的是非，何苦呢？我于你妈妈生日以前，一定回到家，便着实休息半年了。

爹爹　民国十一年十二月二十五日

致思顺书

1923 年 1 月 7 日

宝贝思顺：

我三十一夜里去上海，前晚夜里回来，在上海请法国医生诊验身体，说的确有心脏病，但初起甚微，只须静养几个月便好，我这时真有点害怕了。本来这一个星期内，打算拼命把欠下的演说债都还清，现在不敢放恣了，只有五次讲义讲完就走（每次一点钟），酒是要绝对的戒绝了，烟却不能。医生不许我多说话，不许连续讲演到一点钟以外，不许多跑路（这一着正中下怀），最要紧是多睡觉（也愿意），说这一着比吃什么药都好。我回家后，当然一次讲演都没有，我便连日连夜睡它十来点钟，当然就会好了。你却不许挂心，挂心我就什么都不告诉你了。我本来想到日本玩玩，可巧接着日本留学生会馆来书要我去讲演，而且听说日本有几个大学也打算联合来请，吓得我不敢去了。（若没有病，我真高兴去。）今年上半年北京高师要请我，要和别的学校竞争，出到千元一月之报酬。（可笑，我即往，亦不能受此重酬。）东南大学学生又联合全体向我请愿，我只得一概谢绝了。回津后只好杜门不出，因为这几年演讲成了例，无论到什么地方也免不掉，只得回避了。我准十五日回家，到家当在汝母生日前两日哩。思成和徽音[1]已有成言，我告思成和徽音须彼此学成后乃定婚约，婚约定后不久便结婚。林家欲即行定婚，朋友中也多说该如此。你的意见怎样呢？

爹爹　民国十二年一月七日

---

[1] 徽音：林徽因，中国著名的建筑学家和文学家，是中国第一位女性建筑学家，被胡适誉为“中国一代才女”。林徽因原名林徽音，只因与当时另一男作家重名，她担心日后两人作品相混，于是改为林徽因，并说：“我不怕人家把我的作品当成他的，只怕把他的作品错当成我的。”但是在梁启超的家信里，仍然称呼她为“徽音”。

致思顺书

1923年1月15日

宝贝思顺：

我现在就上车回家了，明天晚上就和你妈妈弟弟妹妹们在一块了，现在很想起你。这几天并未有依医生的话行事，大讲而特讲，前天讲了五点钟，昨天又讲四点钟，但精神却甚好。几个月没有饮酒了，回家两天就是你妈妈生日，我想破戒饮一回，你答应不答应？回家后打算几个月戒讲演了，但北京高等师范学生正在和我找麻烦，因为我早答应过今年（阳历）上半年在那里讲。打算专门写字和打牌，你听见想一定欢喜。

爹爹　民国十二年一月十五日

难得这一点时候没有事，没有客，所以写这几张纸。

致思顺书

1923 年 1 月 21 日

宝贝思顺：

我现在回家看见许多小宝贝，忘记了你这大宝贝了，把三张好玩的小照寄给你的三个小宝贝罢。

爹爹　民国十二年一月二十一日

致梁思顺书

1923 年 1 月 24 日

宝贝思顺：

我告诉你一件事，令你吓杀！旧历初二日，讲学社所聘杜里舒博士来津讲演，我往车站欢迎他，借李宾四马车坐去。才出到大马路交叉处，被街上电车横撞过来（事后回想真危险，真是间不容发，好在车已经过去大半，仅撞后轮，故不至伤），车撞坏了，人马俱倒在地上，但我仅仅擦破头皮少许，腿上微微酸痛而已。那日我仍在南开讲演，晚上又与张君劢、林宰平[1]、丁在君[2]等谈过通宵。初五日，你姑丈偕曼宣、孝高来，一连打了三日三夜的牌。他们今晨回京去。我足足睡了一天。过年以来，一件正经事未做，就只谈天顽耍。你母亲把大大小小的孩子（从七叔起到达达）都带到北京去了。家中只有司马懿[3]和六六[4]，我从今日起又做我的正经功课了。

你们攒下那几个钱，最好是买七年长期公债。此项公债现时价格不过三折余，计可得一分八厘以上之利息，其还本付息由总税司，安格联经理极稳实。汝等若欲办此，我可托徐振飞一手替你们经营（将息作本再添买），我现在也托他，你们可以当附属品也。

手此，并问希哲春禧。

爹爹　二十四

---

[1] 林宰平（1879—1961）即林志钧，字宰平，福建闽侯（今福州）人。闽派著名诗人，法学家和哲学巨擘，清华国学研究所德高望重的大学者，一生历经晚清、民国、新中国阶段。他在文学、法政、哲学、佛学、诗文、书画诸方面都极具造诣，主持编辑过《饮冰室合集》。

[2] 丁在君（1887—1936）即丁文江，字在君，中国地质事业著名的创始人之一。

[3] 司马懿：梁启超对梁思懿的戏称。

[4] 六六：梁启超对梁思宁的称呼。

致思顺书

1923 年 5 月 8 日

宝贝思顺：

你看见今日《晨报》，定要吓坏了。我现在极高兴地告诉你，我们借祖功宗德庇荫，你所最爱的两位弟弟，昨日，从阎王手里把性命争回。我在西山住了差不多一个月，你是知道的，昨日是你二叔生日，又是五七国耻纪念，学生示威游行，那三个淘气精都跟着我进城来了。约摸十一点（午前）时候，思成、思永同坐菲律宾带来的小汽车出门，正出南长街口被一大汽车横撞过来，两个都碰倒在地。思永满面流血，飞跑回家，大家正在惊慌失色，他说快去救二哥罢，二哥碰坏了。等到曹五将思成背到家来，脸上一点血色也没有，两个孩子真勇敢得可爱，思成受如此重伤，忍耐得住，还安慰我们，思永伤亦不轻，还拼命看护他的哥哥。眼睛也几乎定了。思忠看见两个哥哥如此，哇的一声哭起来，几乎晕死。我们那时候不知伤在何处，眼看着更无指望，勉强把心镇定了，赶紧请医生。你三姑丈和七叔乘汽车去（幸我有借来的汽车在门口），差不多一点钟才把医生捉来。出事后约摸二十多分钟，思成渐渐回转过来了，血色也有了，我去拉他的手，他使劲握着我不放，抱着亲我的脸，说道，爹爹啊，你的不孝顺儿子，爹爹妈妈还没有完全把这身体交给我，我便把他毁坏了，你别要想我罢。又说千万不可告诉妈妈。又说姐姐在哪里，我怎样能见他？我那时候心真碎了，只得勉强说，不要紧，不许着急。但我看见他脸上回转过来，实在亦已经放心许多。我心里想，只要拾回性命，便残废也甘心。后来医生到了，全身检视一番，腹部以上丝毫无伤，只是左腿断了，随即将装载病人的汽车开来，送往医院。初时大家忙着招呼思成，不甚留心思永何如。思永自己说没有伤，跟着看护他哥哥。后来思永也睡倒了，我们又担心他不知伤着哪里，把他一齐送到医院检查。啊啊！真谢天谢地，也是腹部以上一点伤没有，不过把嘴唇碰裂了一块，腿上亦微伤，不能吃东西。现在两兄弟都在协和医院同居一房，思永一个礼拜可以出院，思成约要八个礼拜。但思成也不须用手术（不须割），因为骨并未碎，只要扎紧，自会复原，今朝我同你二叔、三姑、七叔去看他们，他们哥儿俩已经说说笑笑，又淘气到了不得了。昨天中饭是你姑丈和三姑合请你二叔寿酒，晚上是我请，中饭全家都没有吃，晚饭我们却放心畅饮压惊了。我怕你妈妈着急发病，昨日一日瞒着没有报告，今朝我从医院出来，写了一封快信，又叫那两个淘气精各写一封去，大约你妈妈明天早车也要来看他们了。内中还把一个徽音也急死了，也饿着守了大半天（林家全家也跟着我们饿），如今大家都欢喜了。你二叔说，若使上帝告诉我们，说你的孩子总要受伤，伤什么地方听你自择，我们只有说是请伤这里，因为除此以外，无论伤哪里，都是不得了。我们今天去踏察他们遇险的地方，只离一寸多，便是几块大石头子，若碰着头部真是万无生理。我们今天在六部口经过，见一个死尸横陈，就是昨天下午汽车碰坏的人，至今还没殡殓，想起来真惊心动魄。今年正月初二，我一出门遇着那么一个大险，这回更险万倍，到底皆逢凶化吉，履险如夷，真是徼天之幸。我本来不打算告诉你，因为《晨报》将情形登出，怕你一见吓倒，所以详细写这封信。我今日已经打了二十多圈牌了，我两三日后仍回西山，我在那里住得舒服极了（每日早起又不饮酒）。

民国十二年五月八日

致思顺书

1923 年 5 月 11 日

宝贝思顺：

你看第一封信，吓成怎么样？我叫思成亲自写几个字安慰你，你接到没有？思永现已出院了，思成大概还要住院两月。汝母前日入京抚视他们，好在他们都已复原，所以汝母并未着急。汝母恨极金永炎，亲自入总统府见黄陂请责之。其后金某来院慰问，适值汝母在，大大教训他一场。金某实在可恶，将两个孩子碰倒在地，连车也不下，竟自扬长而去，一直过了两日，连名片也没有一张来问候。初时我们因救命要紧，没有闲工夫和他理论，到那天晚上，惊魂已定，你二叔方大发雷霆，叫警察拘传司机人，并扣留其汽车。随后像有许多人面责金某，渠始来道歉。初次派人差片来院问候，被我教斥一番，第三日始亲来。汝二叔必欲诉诸法庭，汝母亦然，但此事责任仍在司机人，坐车人不过有道德责任而已。我见人已平安，已经心满意足，不欲再与闹。惟汝母必欲见黎元洪，我亦不阻止，见后黎极力替赔一番不是，汝母气亦平了，不致生病，亦大好事也。思成今年能否出洋，尚是一问题，因不能赶大考也（现商通融办法），但迟一年亦无甚要紧耳。我现课彼在院中读《论语》《孟子》《资治通鉴》，利用这时候多读点中国书也很好。前两天我去看他们，思永嘴不能吃东西，思成便大嚼大啖去气他。思成腿不能动，思永便大跳大舞去气他。真顽皮得岂有此理。这回小小飞灾，很看出他们弟兄两个勇敢和纯挚的性质，我很喜欢，我已返（昨日）西山著我的书了。今晨天才亮便已起，现在是早上九点钟，我已成了二千多字，等一会儿蹇七叔们就要来（今日礼拜六）和我打牌了。

民国十二年五月十一日　由翠微山秘魔岩

致思成书

1923 年 5 月

父示思成：

吾欲汝以在院两月中取《论语》《孟子》，温习暗诵，务能略举其辞，尤于其中有益修身之文句，细加玩味。次则将《左传》《战国策》全部浏览一遍，可益神智，且助文采也。更有余日读《荀子》则益善。各书可向二叔处求取。《荀子》颇有训诂难通者，宜读王先谦《荀子集解》。可令张明去藻玉堂老王处取一部来。

民国十二年五月

致思成书

1923 年 7 月 26 日

汝母归后说情形，吾意以迟一年出洋为要，志摩亦如此说，昨得君劢书，亦力以为言。盖身体未完全复元，旅行恐出毛病，为一时欲速之念所中，而贻终身之戚，甚不可也。

人生之旅历途甚长，所争决不在一年半月，万不可因此着急失望，招精神上之萎葨。汝生平处境太顺，小挫折正磨练德性之好机会，况在国内多预备一年，即以学业论，亦本未尝有损失耶。吾星期日或当入京一行，届时来视汝。

民国十二年七月二十六日

致思顺书

1923 年 7 月 26 日

宝贝思顺：

一个多月不得你的信，我和你母亲都有点着急了。你不是有病吧？思成还要十日后方能出院。我决意叫他迟一年出洋。总之，须把身子完全复元才可旅行。谅来你也同意。我回津将近一月了。现在南开讲演，家中大小都好。

爹爹　民国十二年七月二十六日

致思顺书

1923 年 8 月 1 日

宝贝思顺：

得复电，大慰。我因久不得汝信，神经作用无端疑汝有病耳。昨日在南开讲毕，思永、思忠留校中听别人讲演。我独携思庄去吃大餐。随后你妈妈把思达、思懿带来，吃完后五个人坐汽车兜圈子到马厂一带，把几位小孩子欢喜得了不得。你妈妈说，我居然肯抛弃书桌上一点钟工夫，作此雅游，真是稀奇。我和思庄说，明年姐姐回来，我带着你们姊妹去逛地方，不带男孩子了。庄、懿都拍掌说，哥哥们大便宜了，让他们关在家里哭一回。思达说他要加入女孩子团体，思庄已经答应他了。我今日起得甚早，随意写几句告诉你。

爹爹　民国十二年八月一日

致思顺书

1923 年 11 月 5 日

昨日松坡图书馆成立，馆在北海快雪堂，地方好极了，你还不知道呢，我每来复四日住清华三日住城里，入城即住馆中。热闹了一天。今天我一个人独住在馆里，天阴雨，我读了一天的书，晚间独酌醉了，好孩子别要着急，我并不怎么醉，酒亦不是常常多吃的。书也不读了，和我最爱的孩子谈谈罢，谈什么，想不起来了。你报告希哲在那边商民爱戴的情形，令我喜欢得了不得。我常想，一个人要用其所长（人才经济主义）。希哲若在国内混沌社会里头混，便一点看不出本领，当领事真是模范领事了。我常说天下事业无所谓大小，士大夫救济天下和农夫善治其十亩之田所成就一样。只要在自己责任内，尽自己力量做去，便是第一等人物。希哲这样勤勤恳恳做他本分的事，便是天地间堂堂的一个人，我实在喜欢他。好孩子，你气不忿弟弟妹妹们，希哲又气不忿你，有趣得很，你请你妈妈和我打弟弟们替你出气，你妈妈给思成们的信帮他们，他们都拍手欢呼胜利，我说我帮我的思顺，他们淘气实在该打。平心而论，爱女儿哪里会不爱女婿呢，但总是间接的爱，是不能为讳的。徽音我也很爱他，我常和你妈妈说，又得一个可爱的女儿。但要我爱他和爱你一样，终究是不可能的。我对于你们的婚姻，得意得了不得，我觉得我的方法好极了，由我留心观察看定一个人，给你们介绍，最后的决定在你们自己，我想这真是理想的婚姻制度。好孩子，你想希哲如何，老夫眼力不错罢。徽音又是我第二回的成功，我希望往后你弟弟妹妹们个个都如此。这是父母对于儿女最后的责任。我希望普天下的婚姻都像我们家孩子一样，唉，但也太费心力了。像你这样有这么多弟弟妹妹，老年心血都会被你们绞尽了，你们两个大的我所尽力总算成功，但也是各人缘法侥幸碰着，如何能确有把握呢？好孩子，你说我往后还是少管你们闲事好呀，还是多操心呢？你妈妈在家寂寞得很，常和我说放暑假时候很高兴，孩子们都上学便闷得慌，这也是没有法的事。像我这样一个人，独处一年我也不闷，因为我做我的学问便已忙不过来；但天下人能有几个像我这种脾气呢？王姑娘近来体气大坏，因为你那两个殇弟产后缺保养，我很担心，他也是我们家庭极重要的人物。他很能伺候我，分你们许多责任，你不妨常常写些信给他，令他欢喜。我本来答应过庄庄，明年暑假绝对不讲演，带着你们玩一个夏天。但前几天我已经答应中国公学暑期学校讲一月了。他们苦苦要我去，我耳朵软答应了。我明春要到陕西讲演一个月，你回来的时候还不知我在家不呢？酒醒了不谈了。

民国十二年十一月五日

致梁思顺书

1924 年 4 月 2 日

顺儿：

两信皆收。你妈妈日见起色，我们可以大放心了，约四十日后可以回家来一块住，更快乐了。礼拜六我不能来，一则因为我正在赶功课，离不开我的书房和廷灿；二则因为我的手膀子这两日用按摩（日方）渐见功效，非连用十日不可。从前我不以为意，近来总觉得不对，汤山洗澡后，发现多点毛病，又多好一点，按摩又发现多点毛病，又好一点，所以不可间断，索性继续治好它。买九六公债事，当照办，这种公债看定是好的，两年后定涨到五折以上。只是此两年间绝无利息收入，我久已想买，只可惜没有闲钱，忘却思庄折上有存款了。我也曾想借钱买它，朋友们又说不上算，你有余力，我也替你买便是。

爹爹　二日

致思顺、思庄书

1925 年 4 月 17 日

宝贝思顺、小宝贝庄庄：

你们走后，我很寂寞。当晚带着忠忠听一次歌剧，第二日整整睡了十三个钟头起来，还是无聊无赖，几次往床上睡，被阿时、忠忠拉起来，打了几圈牌，不到十点又睡了，又睡十个多钟头。思顺离开我多次了，所以倒不觉怎样，庄庄这几个月来天天挨着我，一旦远行，我心里着实有点难过。但为你成就学业起见，不能不忍耐这几年。庄庄跟着你姊姊，我是十二分放心了，但我十五日早晨吩咐你那几段话，你要常常记在心里，等到再见我的，把实行这话的成绩交还我，我便欢喜无量了。

我昨天闷了一天，今日已经精神焕发，和你七叔[1]讲了一会儿书，便着手著述，已成二千多字。现在十一点钟，要睡觉了，趁砚台上余墨写这两纸寄你们。你们在日本看过什么地方？寻着你们旧游痕迹没有？在船上有什么好玩（小斐儿曾唱歌否）？我盼望你们用日记体写出，详细寄我（能出一份《特国周报》临时增刊尤妙）。我打算礼拜一入京，那时候你们还在上海呢。在京至多十日便回家，决意在北戴河过夏，可惜庄庄不能跟着，不然当得许多益处。祝你们一路安适，两个礼拜后我就盼你们电报，四个礼拜后就会得你们温哥华来信，内中也许夹着有思成、思永信了。

民国十四年四月十七日

---

[1] 七叔：梁启雄。

致思顺书

1925年5月1日

神户信收到，一两天内又当得横滨信了。你们在日本那几天，我恰在北京，在京忙得要死，号称看花，却没有看成，只有一天六点钟起身，到广惠寺去，顺便也对畿辅先哲祠的海棠、法源寺的丁香，飞一个片子，算是请安拜会。灵柩瓷灰已上过了，现在就上光漆，大约一月内完工了。小六北京银行支店事已定，大约先拨资本十万至十五万，交他全权办理。你七叔昨日已回家去了，因为我想他快点回来，跟我到北戴河，所以叫他早点去，家里越发清静了，早饭就只三个人一桌。思永有两封信来，一封是因为你不肯饶徽音，求我劝你，说得很恳切，现在已不成问题，不给你看了。一封是不主张吴文藻，说他身体弱，也不便给你看，你们见面总会谈到了。林宗孟[1]说思成病过一场（说像是喉症），谅来他是瞒着家里，怕我忧心，但我总要你见着他面，把他身体实在情形报告我，我才真放下心哩。

民国十四年五月一日

---

[1] 林宗孟（1876—1925）即林长民，字宗孟，福建闽侯人。林徽因父亲。

致顺、成、永、庄书

1925 年 5 月 9 日

五月七日正午接到温哥华安电，十分安慰。六日早晨你妈妈说是日晚上六点钟才能到温，到底是不是？没出息的小庄庄，到底还晕船没有？你们到温那天，正是十五，一路上看着新月初升直到圆时，谅来在船上不知蹭了多少次“江上何人初见月，江月何年照初人”了。我晚上在院子里徘徊，对着月想你们，也在这里唱起来，你们听见没有？

我多少年不作诗了，君劢的老太爷做寿，我忽然高兴作了一首五十五韵的五言长古，极其得意，过两天抄给你们看。

我近来大发情感，大作其政论文章，打算出一份周报，附在“时”、“晨”两报送人看，大约从六月初旬起便发印。到我要讲的话都讲完，那周报也便停止，你们等着看罢。

我前几天碰着一件很窘的事——当你们动身后，我入京时，所谓善后会议者正在闭会。会议的结果，发生所谓宪法起草会者，他们要我做会长。由林叔叔来游说我，我已经谢绝，以为无事了。不料过了几天，合肥派姚震[1]，带了一封亲笔信来，情词恳切万分。那姚震哀求了三个钟头，还执着说：“一次求不着，就跑两次、三次、五次天津，口口要答应才罢。”吾实在被他磨不过，为情感所动，几乎松口答应了。结果只得说容我考虑，一礼拜回话。我立刻写信京、沪两处几位挚友商量，觉得不答应便和绝交一样，意欲稍为迁就。到第二天平旦之气一想，觉得自己糊涂了，决定无论如何非拒绝不可。果然隔一天京中的季常、宰平、

[1] 姚震（1885—1935），安徽贵池人，字次之，光绪举人。早年留学日本，入早稻田大学习法律。归国后，曾任清政府大理院推事。后依附袁世凯、段祺瑞。

崧生[1]、印昆，博生，天津的丁在君，一齐反对，责备我主意游移，跟着上海的百里[2]、君劢、东荪[3]，来电来函，也是一样看法，大家还大怪宗孟，说他不应该因为自己没有办法，出这些鬼主意，来拖我下水。现在我已经有极委婉而极坚决的信向段谢绝了。以后或者可以不再来麻烦。至于交情呢，总不能不伤点，但也顾不得了。

政局现有很摇动的样子。奉天新派五师入关，津浦路从今日起又不通了。但依我看，一两个月内还不会发生什么事，早则八月，迟则十月，就难保了。

忠忠也碰着和我所遭相类的事。你二叔今日来的快信，寄给你们看。信中所讲那陈某我是知道的，纯然是一个流氓，他那个女孩也真算无耻极了。我得着你二叔信，立刻写了一千多字的信严重告诫忠忠。谅来这孩子不致被人拐去，但你们还要随时警告他。因为他在你们弟兄姊妹中性情是最流动的，你妈妈最不放心也是他。

思永要的书，廷灿今日寄上些，当与这信前后到。

思成身子究竟怎么样？思顺细细看察，和我说真实话。

成、永二人赶紧各照一相寄我看看。我本来打算二十后就到北戴河去，但全国图书馆协会月底在京开成立会，我不能不列席，大约六月初四五始能成行。

民国十四年五月九日

---

[1] 崧生（1877—1942）即刘崇佑，字崧生，光绪举人。留学日本，毕业于早稻田大学，20世纪20年代为中国著名律师。周恩来称赞他为“有正义感的大律师”。

[2] 百里（1882—1938）即方震，字百里，晚号澹宁，笔名飞生、余一等，浙江海宁人，中国近代军事史上的传奇人物。他是把近代西方先进军事理论系统地介绍到中国来的第一人。其代表作《国防论》凝聚着他一生军事著作的精华。

[3] 东荪（1886—1973）即张东荪，原名万田，字东荪，曾用笔名“圣心”，晚年自号“独宜老人”，浙江杭县（今杭州市）人，现代哲学家、政治活动家、政论家、报人。曾为研究系、中国国家社会党、中国民主社会党领袖之一。

致思顺书

1925 年 5 月 11 日

我昨晚又作一首诗给姚胖子[1]五十寿，作得好玩极了，过两天我一齐写好给小宝贝庄庄。我近日精神焕发，什么事都做得有趣。

民国十四年五月十一日

以下录寿姚诗：

茫父堕地来，未始作老计，
斗大王城中，带发领一寺。
廿年掩关忙，百虑随缘肆。
疏疏竹几茎，密密花几队。
半秃笔几管，破碎墨几块。
挥汗水竹石，坷冻篆分隶。
弄舌昆弋簧，鼓腹椒葱豉。

[1] 姚胖子（1876—1930）即姚华，字重光，号茫父，贵州贵筑（今贵阳）人，与陈寅生、张越丞分称“近代刻铜”三大家，是科举制度下最后一代文人。1912 年 2 月，被选为中华民国临时政府参议院议员，不久，彻底退出政坛，投身文化、美术及教育事业。因军阀混乱、政局动荡，曾长期居住在北京城南莲花寺中，以出售自己创作的诗词、书画和颖拓为生。姚华学问渊博，精文字学、音韵学、戏曲理论，尤其是诗文词曲，是当时画坛的佼佼者。姚华在戏曲方面的学识，更使他在梨园界广受尊敬，结交了不少名人，如王瑶卿、梅兰芳、程砚秋等，都是到莲花庵的常客，且尊称他为老师。

食擘唐画博，睡抱马和志，
校碑约髯周，攘臂哄真伪。
脯饮来跛蹇，诙谑遂鼎沸。
烂漫孺子色，祱荡狂奴态。
晓来揽镜咤，五十忽已至。
发如此种种，老矣今伏未。
镜中人辗然，哪得管许事。
老屋蹋穿空，总有天遮蔽。
去年穷不死，定活十百岁。
（坡诗：嗟我与君皆丙子，四十九年穷不死，茫父亦以丙子生。）
芍药正盛开，胡蝶成团戏，
豆苗已可摘，玄鲫拾宜脍。
昨日卖画钱，况彀供一醉。
相携香满园，大嚼不为泰。

致梁思顺等书

1925年约5月

我自从给你们两亲家强逼戒酒和强逼运动后，身体更强健，饭量大加增，有一天在外边吃饭，偶然吃了两杯酒，回家来，思达说：“打电报告姊姊去”，王姑娘也和小思礼说“打电报给亲家”，小思礼便说：“打！打！”闹得满屋子都笑了，我也把酒吓醒了。

我现在每日著书多则三四千字，少则一千几百，写汉隶每天两三条屏。功课有定，不闲不忙，早睡早起，甚是安适。

给孩子们书

1925 年 7 月 10 日

我像许久没有写信给你们了。但是前几天寄去的相片，每张上都有一首词，也抵得过信了。今天接着大宝贝五月九日、小宝贝五月三日来信，很高兴。那两位“不甚宝贝”的信，也许明后天就到罢？我本来前十天就去北戴河，因天气很凉，索性等达达放假才去。他明天放假了，却是还在很凉。一面张、冯开战消息甚紧，你们二叔和好些朋友都劝勿去，现在去不去还未定呢。我还是照样的忙，近来和阿时、忠忠三个人合作做点小玩意儿，把他们做得兴高采烈。我们的工作多则一个月，少则三个礼拜，便做完。做完了，你们也可以享受快乐。你们猜猜干些什么？庄庄你的信写许多有趣话告诉我，我喜欢极了。你往后只要每水船都有信，零零碎碎把你的日常生活和感想报告我，我总是喜欢的，我说你“别要孩子气”，这是叫你对于正事，如做功课，以及料理自己本身各事等，自己要拿主意，不要依赖人。至于做人带几分孩子气，原是好的。你看爹爹有时还有“童心”呢。你入学校，还是在加拿大好。你三个哥哥都受美国教育，我们家庭要变“美国化”了！我很望你将来不经过美国这一级，便到欧洲去，所以在加拿大预备像更好，也并非一定如此，还要看环境的利便。稍旧一点的严正教育，受了很有益；你还是安心入加校罢。至于未能立进大学，这有什么要紧，“求学问不是求文凭”，总要把墙基越筑得厚越好。

你若看见别的同学都入大学，便自己着急，那便是“孩子气”了。思顺对于徽音感情完全恢复，我听见真高兴极了。这是思成一生幸福关键所在，我几个月前很怕思成因此生出精神异动，毁掉了这孩子，现在我完全放心了。思成前次给思顺的信说："感觉着做错多少事，便受多少惩罚，非受完了不会转过来。"这是宇宙间惟一真理，佛教说的"业"和"报"就是这个真理。（我笃信佛教，就在此点，七千卷《大藏经》也只说明这点道理。）凡自己造过的"业"，无论为善为恶，自己总要受"报"，一斤报一斤，一两报一两，丝毫不能躲闪，而且善和恶是不准抵消的。佛对一般人说轮回，说他（佛）自己也曾犯过什么罪，因此曾入过某层地狱，做过某种畜生，他自己又也曾做过许多好事，所以亦也曾享过什么福。如此，恶业受完了报，才算善业的账，若使正在享善业的报的时候，又做些恶业，善报受完了，又算恶业的账，并非有个什么上帝做主宰，全是"自业自得"，又并不是像耶教说的"到世界末日算总账"，全是"随作随受"。又不是像耶教说的"多大罪恶一忏悔便完事"，忏悔后固然得好处，但曾经造过的恶业，并不因忏悔而灭，是要等"报"受完了才灭。佛教所说的精理，大略如此。他说的六道轮回等等，不过为一般浅人说法，说些有形的天堂地狱，其实我们刻刻在轮回中，一生不知经过多少天堂地狱。即如思成与徽音，去年便有几个月在刀山剑树上过活！这种地狱比城隍庙十王殿里画出来还可怕，因为一时造错了一点业，便受如此惨报，非受完了不会转头。倘若这业是故意造的，而且不知忏悔，则受报连绵下去，无有尽时。因为不是故意的，而且忏悔后又造善业，所以地狱的报受够之后，天堂又到了，若能绝对不造恶业（而且常造善业——最大善业是"利他"），则常住天堂（这是借用俗教名词），佛说是"涅涅槃"（涅槃的本意是"清凉世界"）。我虽不敢说常住涅槃，但我总算心地清凉的时候多，换句话说，我住天堂时候比住地狱的时候多，也是因为我比较少造恶业的缘故。我的宗教观、人生观的根本在此，这些话都是我切实受用的所在。因思成那封信像是看见一点这种真理，所以顺便给你们谈谈。思成看着许多本国古代美术，真是眼福，令我羡慕不已，甲胄的扣带，我看来总算你新发明了（可得奖赏），或者书中有讲及，但久已没有实物来证明。昭陵石马怎么会已经流到美国去，真令我大惊！那几只马是有名的美术品，唐诗里“可要昭陵石马来，昭陵风雨埋冠剑，石马无声蔓草寒”，向来诗人讴歌不知多少。那些马都有名字，是唐太宗赐的名，画家雕刻家都有名字可考据的。我所知道的，现在还存四只，我们家里藏有拓片，但太大，无从裱，无从挂，所以你们没有看见。怎么美国人会把他搬走了！若在别国，新闻纸不知若何鼓噪，在我们国里，连我恁么一个人，若非接你信，还连影子都不晓得呢。可叹，可叹！希哲既有余暇做学问，我很希望他将国际法重新研究一番，因为欧战以后国际法的内容和从前差得太远了。十余年前所学现在只好算古董，既已当外交官，便要跟着潮流求自己职务上的新智识。还有中国和各国的条约全文，也须切实研究。希哲能趁这个空闲做这类学问最好。若要有汉文的条约汇纂，我可以买得寄来。和思顺、思永两人特别要说的话，没有什么，下次再说罢。

思顺信说：“不能不管政治”，近来我们也很有这种感觉。你们动身前一个月，多人疑议也就是这种心理的表现。现在除我们最亲密的朋友外，多数稳健分子也都拿这些话责备我，看来早晚是不能袖手的。现在打起精神做些预备工夫，这几年来抛空了许久，有点吃亏。等着时局变迁再说罢。

老 Baby [1] 好玩极了，从没有听见哭过一声，但整天的喊和笑，也很够他的肺开张了。自从给亲家收拾之后，每天总睡十三四个钟头，一到八点钟，什么人抱他，他都不要，一抱他，他便横过来表示他要睡，放在床上爬几爬，滚几滚，就睡着了。这几天有点可怕——好咬人，借来磨他的新牙，老郭每天总要着他几口。他虽然还不会叫亲家，却是会填词送给亲家，我问他：“是不是要亲家和你一首？”他说：“得、得、得，对、对、对。”夜深了，不和你们玩了，睡觉去。前几天填得一首词，词中的寄托，你们看得出来不？

[1] 老 Baby：梁思礼，后又称为老白鼻。

浣溪沙

乍有官蛙闹曲池，
更堪鸣砌露蛩悲！
隔林辜负月如眉。
坐久漏签催倦夜，
归来长簟梦佳期，
不因无益废相思。

（李义山诗：“直道相思了无益。”）

民国十四年七月十日

给孩子们书

1925 年 8 月 3 日

对岸大群孩子们：

我们来北戴河已两星期了，这里的纬度和阿图利差不多。来后刚碰着雨季，天气很凉，穿夹的时候很多，舒服得很，但下起雨来，觉得有些潮闷罢了。

我每天总是七点钟以前便起床，晚上睡觉没有过十一点以后，中午稍为憩睡半点钟。酒没有带来，故一滴不饮。天晴便下海去，每日多则两次，少则一次。散步时候也很多，脸上手上都晒成黑漆了。

本来是应休息，不打算做什么功课，但每天读的书还是不少，著述也没有间断。每天四点钟以后便打打牌，和“老白鼻”玩玩，绝不用心。所以一上床便睡着，从没有熬夜的事。

我向来写信给你们都是在晚上，现在因为晚上不执笔，所以半个月竟未曾写一封信，谅来忠忠们去的信也不少了。

庄庄跟着驼姑娘补习功课，好极了，我想不惟学问有长进，还可以练习许多实务，我们听见都喜欢得了不得。

庄庄学费每年七百美金便够了吗？今年那份，我回去替他另折存储起来。今年家计总算很宽裕，除中原公司外，各种股份利息都还照常，执政府每月八百元夫马费，已送过半年，现在还不断。商务印书馆售书费两节共收到将五千元。从本月起清华每月有四百元。预计除去各种临时支出——一如办葬事，修屋顶，及寄美洲千元等——之外，或者尚有数余，我便将庄庄这笔提出。（今年不用，留到他留学最末的那年给他。）便是达达、司马懿、六六的游学费，我也想采纳你的条陈，预早（从明年）替他们储蓄些，但须看力量如何才来定多少。至于“老白鼻”那份，我打算不管了，到他出洋留学的时候，他有恁么多姊姊哥哥，还怕供给他不起吗？

坟园工程已择定八月十六日动工了，一切托你二叔照管。昨天正把图样工料价格各清单寄来商量。若坟内用石门四扇，（双圹，连我的生圹合计）则共需千二百余元（连围墙工料在内）；若不用石门，只用砖墙堵住洞口，则六百余元便够。我想四围用“塞门德”灰泥，底下用石床，洞口用砖也够坚固了。四扇石门价增一倍，实属糜费，已经回信你二叔不用石门了。如此则连买地葬仪种种合计二千元尽够了，你们意思如何？若不以为然，可立即回信，好在葬期总在两个月后，便加增也来得及。

我打算作一篇小小的墓志铭，自作自写，埋在圹中，另外请陈伯严先生作一篇墓碑文，请姚茫父写，写好藏起，等你们回来后才刻石竖立。因为坟园外部的工程，打算等思成回来布置才好。

现在有一件事和希哲、思顺商量：我们现在北戴河借住的是章仲和的房子，他要出卖，索价万一千，大约一万便可得，他的房子在东山，据说十亩有零的面积。但据我们看来像不止此数：房子门前直临海滨，地点极好，为海浴计，比西山好多了。西山那边因为中国人争买，地价很高，东山这边都是外国人房子，中国人只有三家，靠海滨的地，须千元以上一亩，还没有肯让。仲和这个房子，工料还坚固，可住的房子有八间，开间皆甚大。若在现时新建，只怕六千元还盖不起。家具也齐备坚实，新置恐亦须千五百元以上，现在各项虽旧，最少亦还有十多年好用。若将房子家具作五千元计，那么地价只合五千元，合不到五百元一亩，总算便宜极了。我想我们生活根据地既在京津一带，北戴河有所房子，每年来住几个月于身体上精神上都有益。仲和初买来时费八千元，现在他忙着钱用，所以要卖，将来地价必涨，我们若转卖也不致亏本。所以我很想买他。但现在家计情形勉强对付，五千元认点利息也还可以，一万元便太吃力了。所以想和你们搭伙平分，你们若愿意，我便把他留下。

房子在高坡上，须下三十五级阶石才到平地。那平地原有一个打球场，面积约比我们天津两院合计一样大。我们买过来之后，将来若有余钱，可以在那里再盖一所房子。思成回来便可以拿做试验品。我想思成、徽音听见一定高兴。

瞻儿有人请写对子，斐儿又会讲书，真是了不得，照这样下去，不久就要比公公学问还高了。你们要什么奖品呢？快写信来，公公就寄去。

达达快会凫水了，做三姊的若还不会，仔细他笑你哩！

老白鼻来北戴河，前几天就把“鸦片烟”戒了，一声也没有哭过，真是乖。但他至今还不敢下海，大约是怕冷罢。

三姊白了许多，小白鼻红了许多，老白鼻却黑了许多了。昨天把秃瓜瓜越发剃得秃。三姊听见又要怄气了。今天把亲家送的丝袜穿上，有人问他“亲家送的袜子”，他便卷起脚来，他这几天学得专要在地下跑（扶着我的手杖充老头），恐怕不到两天便变成泥袜了。

现在已到打牌时候，不写了。

爹爹　八月三日

思成、思永到底来了没有？若他们不能越境，连我也替你们双方着急。

致思顺书

1925年8月12日

思顺：

到北戴河后已接你三封信了，我的去信实在较少，但也有好几封，想近日都陆续接到了。达达他们实在懒，但我知道他们常常把信写起，过一会儿总却寄也就算了。初次接到你信说没有蔬菜吃，他们曾每人画一幅——萝卜白菜之类，说送给你们，到底寄去没有？

思成、思永学校里都把分数单寄到，成绩好极了，今转寄给你看，我自然要给奖品，你这老姊姊也该给点才好。

坟园已动工，二叔来两信寄阅，增百元将该地全买妙极，石门所费既加增有限，已复书仍用之，亦令你们心里较安也。

北戴河房子我实在爱他不过，已决定买了。你若有力搭伙，则我将此间留支薪俸扣用，若你们也等钱用，则再将保险单押款买下亦得。现已调查清楚，此房若在今日建筑，非万金不办。大开间住房八间，小屋四间，下房，厨房、浴房等七间，全部石墙脚。家具新置亦须三千，外地则有十八亩，若以西山滨海地价计，须万八千也。现在有人要抢，我已电上海告仲和为我留下矣。此地四时皆可居，我退老后极欲常住此也。

别的话在成、永、庄信上说了，不多说罢。

爹爹　民国十四年八月十二日

阿时们要出一张《特国周报》的老白鼻特号，说了许久，竟没有出来，我已经限期即出了。

致思顺书

1925年8月16日

顺儿：

昨日又接七月二十日信，我六、七两月寄信很多（相片等项），想已陆续收到了。北大有些人对我捣乱，其实不过少数。彼文发表后，大多数人都不以为然，我答复出后，他们即噤若寒蝉，全国舆论，皆对我表同情。你所忧虑的绝对无其事，请放心罢。只是这回交涉太可惜了。病根全在政府"打民话"，误了交涉步骤，现在已完全失败了，我一个月前有一小词写给你们看。

浣溪沙

乍有官蛙闹曲池，
更堪鸣砌露蛩悲！
隔林辜负月如眉。
坐久漏签催倦夜，
归来长簟梦佳期。
不因无益废相思。

看看这首词，可以略知我心事了。

我近来政治兴味并不减少，只是并没有妨害著述事业。

到北戴河以来，顽的时候多，著述成绩很少，却已把一部《桃花扇》注完，很有趣。

在此虽然甚闲，却也似甚忙。每天七点多钟起来，在院子里稍为散步，吃点心下来，便快九点了。只做两点多钟正经功课，十一点便下海去。回来吃中饭，睡一睡午觉，起来写写信，做些杂课。四点后便打牌。六点多钟吃晚饭，饭后散步回来，有时打牌，有时闲谈，便过一天了。因为四点钟后便无所用心，所以每天倒床便睡着（十点前后睡），大约我生平讲究卫生，以这一个月为最了。

我讲段笑话给你们听。有一天，我听见人说离此约十里地方钓鱼最好。我回来说给孩子们听，他们第二天一定就要去。我看见天色不好，有点沉吟，他们却已预备齐全了，牵率老夫只好同去。还没有到目的地，便下起小雨来，只好硬着头皮说“斜风细雨不须归”，哪里知道跟着便是倾盆大雨。七个人在七个驴子上，连着七个驴夫，三七二十一件动物，都变成落汤鸡，回来全身衣服绞出一大桶水。你说好笑不好笑？幸亏桂儿们没有在此，不然一定也着了。我们到底买得两尾鱼，六个大螃蟹，就算凯旋。这故事我劝他们登在《特国周报》里，主笔先生说面子上不好看，不肯登，我只好把它揭出来。

我们做了两天园工，把园中的恶木斫了一百多棵（其实不甚恶——都是洋槐，若在天津，一棵总值几元），把荒草拔去几丘，露出树荫下绝好一个小园，我前天就在树荫下睡午觉，昨天在那里打了十圈牌。司马懿、六六拾得许多螺蛤壳，把我们新辟的曲径都滚上边了。我们全家做工的时候，便公举老白鼻监工。但这位监司是“卧治”的，不到一会工夫便在树底藤床上酣睡，我们这些工人趁着空儿都一哄而散，下海去了。

房子用一万元买得，昨天已交割了。我很爱这地方，若是每年能在此住几个月，身子一定加倍强壮。我想你们听见一定喜欢，不过现在经济上吃点力罢了。

小六从南方来，昨天早上到此。他不久还要到湖南去。

今日坟园动工了，我打算就用周忌日下葬。不知工程能赶及否，但稍迟也无妨。

你七叔及廷灿还未回来。港、粤交通断绝，不知他们几时能来哩。

桂儿奖品，我正在这里想着预备哩，大约总不外秀才人情罢。

爹爹　八月十六

致思顺书

1925年9月3日

顺儿：

我们从北戴河返津，已一礼拜了。返时便得你们游尼加拉瀑及千岛许多信及明信片，高兴之至，因连日极忙，故匆匆回思庄一信外，别的信都没有写，现在就要入北京了。在京怕更忙，今晚草草写这一信。

葬期已择定旧历八月十六，即周忌之次日。你二叔这个月以来天天在山上监工(因为石工非监不可)，独自一人住在香云旅馆，勤劳极了。你们应该上二叔一书致谢。

墓志铭因赶不及，打算不用了。请曾刚甫年伯撰一墓碑，慢慢的选石精刻。

据二叔来信，全部葬事连买地工程葬仪在内，约费二千五百元，在不丰不俭之间，你们亦可以算尽心了。

你前信请把灵柩留一照片，我大不以为然。留有相片便是了，何必灵柩？等到时再酌斟罢。

家中灵位朝夕上食，向例有至大祥止者（二十五个月），有至小祥止者（十三个月），现在既全家在京住，上食到底办不到，故决意于周忌日（恰十三个月）即请上神道，不复朝夕供了。去北戴河时我原想写一灵位，请去朝夕上食，扶乩说不必，那四十天也没有上食了。惟在戴常常扶乩，每烧香后一两分钟便到（不烧香不到）。你妈妈既然说不吃东西（昨日中元别供水果而已），也不必用此具文了，你们意为何如。

寄去一千元美金，想已收。你们那边谅来钱很紧，非在国内接济不可者。函言北戴河房子认半份事，请你和希哲斟酌力量如何？若实不能，不认亦可，或认而分长期扣出亦可。现在除用去年保险公司借款留下之六千元外，连葬事及北戴河房一共算来今年尚不必透支，因为卖书卖字收入颇多，执政府亦一弥补，但近两月来未送。但替思庄们提贮学费事，只好暂缓了。

国内危机四伏，大战恐又在目前，我只祝等我们葬事完了才发动，不知能待到那时否。

此外官吏绑票层见叠出。半月前范旭东在德租界本宅出门，即被军警绑去押了三日，硬要五十万元。后来还是黎黄陂亲往探监，说我此来专在证明你们强盗行为，预备在法庭上做证人，才算了事。到底还敲了七万元现金，五万元股票，似此上下夹攻，良善人民真是无葬身之地了。

百里现在在长江一带。军界势力日益膨胀，日内若有战事，他便是最重要的一个角色，因此牵率老夫之处亦不少。他若败，当然无话可说，但于我绝无危险，因我不参与军事行也，请放心。若胜，恐怕我的政治生涯不能不复活（胜的把握我觉得很少），我实在不愿意，但全国水深火热，黄萃田在广东方面活动，政府已全权委他，但我亦不敢乐观，他昨日南下，在我们家里上车，忠忠听我嘱咐他的话，说“易水送荆卿”哩。又不能坐视奈何。

我现在觉得有点苦，因为一面政治问题、军事问题前来报告商榷者，络绎不绝，一面又要预备讲义，两者太不相容了。但我努力兼顾，看看如何，若能两不相妨，以后倒可以开出一种新生活。

我自北戴河归来后，仍每日早起(总不过八点钟)，酒也绝对不饮了，可惜你们远隔，若看见我结实的脸色，你们定高兴极了。

你二叔那边新添两位孪生的妹妹。前天王姨入京正值分娩，母子平安。

本来还要另写信给思成、思永们，但已夜深要睡了，入京后有空再写罢。你妈妈总说思永不曾到阿图利，到底是不是？

爹爹　民国十四年九月三日

给孩子们书

1925 年 9 月 13 日

孩子们：

前日得思成八月十三日，思永十二日信，今日得思顺八月四日及十二日两信，庄庄给忠忠的信也同时到，成、永此时想已回美了，我很着急，不知永去得成去不成，等下次信就揭晓了。

我搬到清华已经五日了（住北院教员住宅第二号）。因此次乃自己租房住，不受校中供应，王姑娘又未来（因待送司马懿入学），廷灿又围困在广东至今未到，我独自一人住着不便极了。昨天大伤风（连夜不甚睡得着），有点发烧，想洗热水澡也没有，找如意油、甘露茶也没有，颇觉狼狈，今日已渐好了。王姨大约一二日也来了，以后便长住校中，你们来信可直寄此间，不必由天津转了。

校课甚忙——大半也是我自己找着忙——我很觉忙得有兴会。新编的讲义极繁难，费的脑力真不少。盼望老白鼻快来，每天给我舒散舒散。

葬期距今仅有二十天了。你二叔在山上住了将近一月，以后还须住一月有奇，住在一个小馆子内，菜也吃不得，每天跑三十里路，大烈日里在坟上监工。从明天起搬往香山见心斋住（稍为舒服点），但离坟更远，跑路更多了。这等事本来是成、永们该做的，现在都在远，忠忠又为校课所追，不能效一点劳，倘若没有这位慈爱的叔叔，真不知如何办得下去。我打算到下葬后，叫忠忠们向二叔磕几头叩谢。你们虽在远，也要各个写一封信，恳切陈谢（庄庄也该写），谅来成、永写信给二叔更少。这种子弟之礼，是要常常在意的，才算我们家的乖孩子。

厨子事等王姨来了再商量。现在清华电灯快灭了，我试上床去，看今晚睡得着不。晚饭后用脑，便睡不着，奈何、奈何。

民国十四年九月十三日

给孩子们书

1925 年 9 月 14 日

《后汉书》等本已在上海买妥，因叶领事已行不及托带，当即令补寄并补上所需各书。

相片照得模糊，看了不过瘾（为什么没有斐儿在内），我盼望下次信到便有你们弟兄姊妹合照的美妙相片，庄庄真是白了许多吗？

爹爹　民国十四年九月十四日

致顺、成、永、庄书

1925年9月20日

思顺、思成、思永、思庄同读：

距葬期仅十三日矣。我今日始能赴墓次巡视，开圹深至二丈，而土质干燥细软，觉虽生人居此亦甚适，真佳城也。初时本拟旧历九月乃葬，经“日者”（《日者列传》见《史记》，即择日也，此日者乃同一老进上）选定谓八月十六日辰时为千年难得之良辰，故提前半胄赶工，中间曾有四日夜，每日做工二十四小时，分四班轮做。叔之辛勤，不可名状矣。坟园一切布置，皆出二叔意匠，此外麻烦事甚多，如收买园旁余地、筑桥、菠井等等，家内各种布置及工程，二叔最用心。二叔极得意，吾亦深叹其周备。现在规模已具，所余冢顶上工作，如用西式墓表等事，及墓旁别墅之建筑等，则待汝兄弟归来时矣。

八月十五日晨八时举行周年祭。十时由广惠寺发引，初本。拟用汽车装运，后因种种不便，仍改用抬，最大原因是灵枢不准入城，自前清以来，非奉特旨不可，而西便门外无马路汽车振动，恐于遗骸有损，用相当的仪仗，出西便门后改小杠，届时我及亲友只送到西便门便返，而乘车赴墓先候。惟思忠（小六愿陪之）一人扶枢步行送山上（中间若惫则间坐洋车）约费七点钟，决可到。是晚亦仅由思忠及小六守灵（警察八人彻夜轮班守卫），我率王姨等在香山住。葬后便无事，惟二叔监圹外工，约尚须一月耳。

神道碑文请曾年伯作，但刻石建立等事皆在后。

此次葬事所费统计恐须超过三千元。虽稍费足使汝辈心安，不致后悔。好在此款全由执政府夫马费项下支给已有余。二叔今日笑谓无异国葬也。

吾日来之忙，乃出情理外。二叔，王姨向我唧咻多次，但此乃研究院初办，百事须计划，又加以他事，故致如此耳。十日半月后当然逐渐消减，汝等不必以我过劳为虑也。

日来许多“校长问题”，纠缠到我身上，亦致忙之一。师大小必论，教职员、学生、教育部三方面合起来打我的主意。北大与教部宣战，教部又欲以我易蔡，东南大学则教部、苏省长、校中教员、学生，此数日内又迭相强迫。北大问题最易摆脱，不过一提便了。现在师大、东大尚未肯放手。我惟以极诚恳之辞坚谢之，然即此亦费我时间不少也。

廷灿尚困在广东，不能来，种种感不便，急极，现只得叫阿时来，但亦仅能于抄写方面稍助耳。又六六一人在津，太可怜，日内拟唤来，令阿时授课。灯要灭了，再说罢。

民国十四年九月二十日

致思顺思成书

1925 年

虞美人（自题小影寄思顺）

一年愁里频来去，（上女去年侍母省婿跋涉海上数次）泪共沧波注。悬知一步一回眸。

嵌着阿爷小影在心头。天涯诸弟相逢道，哭罢应还笑。海云不碍雁传书，可有夜床俊语寄翁无？

鹊桥仙（自题小影寄思成）

也还安睡，也还健饭，忙处此心闲暇。朝来点检镜中颜，好像比去年胖些？天涯游子，一年恶梦，多少痛、愁、惊、怕！（此语是事实——作者注）

开缄还汝百温存小，“爹爹里好寻妈妈”。（末句用来信语意）

民国十四年

致梁思顺书

1925 年 9 月 24 日

极盼汝姊妹兄弟团聚的来信，今得八月二十日信，知思庄已返，成、永正游大瀑，想下次信当令我满足矣。思庄英文不及格，绝不要紧，万不可以此自馁。学问求其在我而已。汝等都会自己用功，我所深信。将来计算总成绩不在区区一时一事也。我依然极忙，触想便写成几句寄去。二叔在山上，来信附寄。亦令汝等知工作之一斑也，现距葬礼仅八日矣。

爹爹二十四日

致顺、成、永、庄书

1925 年 9 月 29 日

顺、成、永、庄：

我昨日用一日之力，作成一篇告墓祭文，把我一年多蕴积的哀痛，尽情发露。顺儿啊，我总觉得你妈妈这个怪病，是我们打那一回架打出来的。我实在哀痛至极，悔恨至极，我怕伤你们的心，始终不忍说，现在忍不住了，说出来也像把自己罪过减轻一点。我经过这几天剧烈的悲悼，以后便刻意将前事排去，决不更伤心，你们放心罢。

祭文本来该焚烧的，我想读一遍，你妈妈已经听见，不如将稿交你宝存（将来可装成手卷）。你和庄庄读完后，立刻抄一份寄成、永传观，《晨报》已将稿抄去，如已登出，成、永便得见，不必再抄了。过些日子我有空还打算另写一份寄思成。葬礼一切都预备完成了。王姨今日晚车返天津，把达达们带来。十五清晨行周忌祭礼，十点钟发引，忠忠一人扶柩，我们都在山上迎接。在山上住一夜，十六日八点钟安葬。

民国十四年九月二十九日

致顺、成、永、庄书

1925 年 10 月 3 日

爱儿思顺、思成、思永、思庄：

葬礼已于今日（十月三日，即旧历八月十六日）上午七点半钟至十二点钟止，在哀痛庄严中完成了。

葬前在广惠寺做佛事三日。昨晨八点钟行周年祭礼，九点钟行移灵告祭礼，九点二十分发引，从两位舅父及姑丈起，亲友五六十人陪我同送到西便门（步行），时已十一点十分（沿途有警察照料），我们先返，忠忠、达达扶柩赴墓次。二叔先在山上预备迎迓（二叔已半月未下山了）。我回清华稍憩，三点半钟带同王姨、宁、礼等赴墓次。直至日落时忠等方奉柩抵山。我们在甘露旅馆一宿，思忠守灵，小六、煜生陪他一夜。有警察四人值夜巡逻，还有工人十人自告奋勇随同陪守。

今晨七点三十五分移灵入圹。从此之后，你妈妈真音容永绝了。全家哀号，悲恋不能自胜，尤其是王姨，去年产后，共劝他节哀，今天尽情一哭，也稍抒积痛。三姑也得尽情了。最可怜思成、思永，到底不能够凭棺一恸。人事所限，无可如何，你们只好守着遗像，永远哀思罢了。我的深痛极恸，今在祭文上发泄，你们读了便知我这几日间如何情绪。下午三点钟我回到清华。现在虽余哀未忘，思宁、思礼们已嬉笑杂作了。唐人诗云：纸灰飞作白蝴蝶，血泪染成红杜鹃。日落狐狸眠冢上，夜归儿女笑灯前。真能写出我此时实感。

昨日天气阴霾，正很担心今日下雨，凌晨起来，红日杲杲，始升葬时，天无片云，真算大幸。

此次葬礼并未多通告亲友，然而会葬者竟多至百五六十人。各人皆黎明从城里乘汽车远来，汽车把卧佛寺前大路都挤满了。祭席共收四十余桌，送到山上的且有六桌之多，盛情真可感。

你们二叔的勤劳，真是再没有别人能学到了。他在山上住了将近两个月，中间仅入城三次，都是或一宿而返，或当日即返，内中还开过六日夜工，他便半夜才回寓。他连椅子也不带一张去，终日就在墓次东走走西走走。因为有多方面工程他一处都不能放松。他最注意的是圹内工程，真是一砖一石，都经过目，用过心了。我窥他的意思，不但为妈妈，因为这也是我的千年安宅，他怕你们少不更事，弄得不好，所以他趁他精力尚壮，对于他的哥哥尽这一番心。但是你们对于这样的叔叔，不知如何孝敬，才算报答哩。今天葬礼完后，我叫忠忠、达达向二叔深深行一个礼，谢谢二叔替你们姐弟担任这一件大事。你们还要每人各写一封信叩谢才好。

我昨日到清华憩息时，刚接到你们八月三十日来信。信上起工程的那几句话，哪里用着你们耽心，二叔早已研究清楚了。他说先用塞门特不好，要用塞门特和中国石灰和和做成一种新灰，再用石卵或石末或细砂来调，某处宜用石卵，某处宜用细砂，我也说不清楚，但你二叔讲起来如数家珍。砖缝上一点泥没有用过，都是用他这种新灰，冢内圹虽用砖，但砖墙内尚夹有石片砌成的圹，石坛都用新灰灌满，圹内共用新灰原料，专指塞门特及石灰，所调之砂石等在外，一万二千余斤，二叔说算是全圹熔炼成一整块新石了。开穴入地一丈三尺，圹高仅七尺，圹之上培以新灰炼石三尺，再培以三尺普通泥土，方与地平齐。二叔说圹外工程随你们弟兄自出心裁，但他敢保任你们要起一座大塔，也承得住了。据我看果然是如此。

圹内双冢，你妈妈居右，我居左。双冢中间隔以一墙，墙厚二尺余，即由所谓新灰炼石者制成。墙上通一窗，丁方尺许。今日下葬后，便用浮砖将窗堵塞。二叔说到将来我也到了，便将那窗的砖打开，只用红绸蒙在窗上。合葬办法原有几种：（一）是同一冢，内置两石床，这是同时并葬乃合用，既分先后，则第二次，葬时恐伤旧冢，此法当然不适用；（二）是同一坟园分造两冢，但此已乖同穴之义，我不愿意；（三）便是现今所用两冢同一圹，中隔以一墙，第二次葬时旧冢一切不劳惊动，这是再好不过了。还有一件是你二叔自出意匠：他在双冢前另辟一小院子，上盖以石板，两旁用新灰炼石，墙前面则此次用砖堵塞，如此则今次封圹之后，泥土不能侵入左冢，将来第二次葬时将砖打开，葬后再用新灰炼石造一堵，便千年不启。你二叔今日已将各种办法，都详细训示思忠，因为他说第二次葬时，不知他是否还在，即在也怕老迈不能经营了。所以要你们知道，而且遵守他的计划。他过天还要画一圹内的图，将尺寸说明，预备你们将来开圹行第二次葬礼时用。你们须留心记着，不可辜负二叔两个月来心血。

工程坚美而价廉，亲友参观者无不赞叹。盖因二叔事事考究，样样在行，工人不能欺他，他又待工人有恩礼，个个都感激他，乐意出力。他说从前听见罗素说：中国穿短衣服的农人、工人，个个都有极美的人生观。他前次不懂这句话怎么解，现在懂得了。他说，住在都市的人都是天性已漓。他这两个月和工人打伙，打得滚热，才懂得中国的真国民性。我想二叔这话很含至理，但非其人，也遇着看不出罢了。

二叔说他这两个月用他的科学智识和工人的经验合并起来，新发明的东西不少，建筑专家或者还有些地方要请教他哩。思成你写信给二叔，不妨提提这些话，令他高兴。二叔当你妈妈病时，对于你很有点怄气，现在不知气消完了没有。你要趁这机会，大大的亲热一下，令他知道你天性未漓，心里也痛快。你无论功课如何忙，总要写封较长而极恳切的信给二叔才好。

我的祭文也算我一生好文章之一了。情感之文极难工，非到情感剧烈到沸点时，不能表现他（文章）的生命，但到沸点时又往往不能作文。即如去年初遭丧时，我便一个字也写不出来。这篇祭文，我作了一天，慢慢吟哦改削，又经两天才完成。虽然还有改削的余地，但大体已很好了。其中有几段，音节也极美，你们姊弟和徽音都不妨热诵，可以增长性情。

昨天得到你们五个人的杂碎信，令我于悲哀之中得无限欢慰。但这封信完全讲的葬事，别的话下次再说罢。我也劳碌了三天，该早点休息了。

民国十四年十月三日

致孩子们书

1925 年 11 月 9 日

国内近来乱事想早知道了，这回怕很不容易结束，现在不过才发端哩。因为百里在南边（他实是最有力的主动者），所以我受的嫌疑很重，城里头对于我的谣言很多，一会又说我到上海（报纸上已不少，私人揣测更多），一会又说我到汉口。尤为奇怪者，林叔叔很说我闲话，说我不该听百里们胡闹，真是可笑。儿子长大了，老子也没有法干涉他们的行动，何况门生？即如宗孟去年的行动，我并不赞成，然而外人看着也许要说我暗中主使，我从哪里分辩呢？外人无足怪，宗孟很可以拿己身作比例，何至怪到我头上呢？总之，宗孟自己走的路太窄，成了老鼠入牛角，转不过身来，一年来已很痛苦，现在更甚。因为二十年来的朋友，这一年内都分疏了，他心里想来非常难过，所以神经过敏，易发牢骚，本也难怪，但觉得可怜罢了。

国事前途仍无一线光明希望。百里这回卖恁么大气力（许多朋友亦被他牵在里头），真不值得（北洋军阀如何能合作）。依我看来，也是不会成功的。现在他与人共事正在患难之中，也万无劝他抽身之理，只望他到一个段落时，急流勇退，留着身子，为将来之用。他的计划像也是如此。

我对于政治上责任固不敢放弃（近来愈感觉不容不引为己任），故虽以近来讲学，百忙中关于政治上的论文和演说也不少（你们在《晨报》和《清华周刊》上可以看见一部分），但时机总未到，现在只好切实下预备工夫便了。

葬事共用去三千余金。葬毕后忽然看见有两个旧碑很便宜，已经把它买下来了。那碑是一种名叫汉白玉的，石高一丈三，阔六尺四，厚一尺六，驮碑的两只石龟长九尺，高六尺。新买总要六千元以上，我们花六百四十元，便买来了。初买得来很高兴，及至商量搬运，乃知丫头价钱比小姐阔得多。碑共四件，每件要九十匹骡才拖得动，拖三日才能拖到，又卸下来及竖起来，都要费莫大工程，把我们吓杀了。你二叔大大地埋怨自己，说是老不更事，后来结果花了七百多块钱把它拖来，但没有竖起，将来竖起还要花千把几百块。现在连买碑共用去四千五百余，存钱完全用光，你二叔还垫出八百余元。他从前借我的钱，修南长街房子，尚余一千多未还，他看见我紧，便还出这部分。我说你二叔这回为葬事，已经尽心竭力，他光景亦不佳，何必汲汲，日内如有钱收入，我打算仍还他再说。

今年很不该买北戴河房子，现在弄到非常之窘，但仍没有在兴业透支。现在在清华住着很省俭，四百元薪水还用不完，年底卖书有收入，便可以还二叔了。日内也许要兼一项职务，月可有五六百元收入，家计更不至缺乏。

现在情形，在京有固定职务，一年中不走一趟天津，房子封锁在那边殊不妥（前月着贼，王姨得信回去一趟。但失的不值钱的旧衣服），我打算在京租一屋，把书籍东西全份搬来，便连旧房子也出租，或者并将新房子卖去，在京另买一间。你们意思如何？

思成体子复元，听见异常高兴，但食用如此俭薄，全无滋养料，如何要得。我决定每年寄他五百美金左右，分数次寄去。日内先寄中国银二百元，收到后留下二十元美金给庄庄零用，余下的便寄思成去。

思顺所收薪水公费，能敷开销，也算好了，我以为还要赔呢。你们夫妇此行，总算替我了两桩心事：第一件把思庄带去留学，第二件给思成精神上的一大安慰。这两件事有补于家里真不少。何况桂儿姊弟亦得留学机会，顺自己还能求学呢。一二年后调补较好的缺，亦意中事，现在总要知足才好。留支薪俸若要用时，我立刻可以寄去，不必忧虑。

待文杏如此，甚好甚好。这才是我们忠厚家风哩。

廷灿今春已来。他现在有五十元收入，勉强敷用，还能积存些。

你七叔明年或可以做我一门功课的助教，月得百元内外。

现在四间半屋子挤得满满的。我卧房一间，书房一间，王姨占一间，七叔便住在饭厅，阿时和六六住半间，倒很热闹。老白鼻病了四五天，全家都感寂寞，现在全好了，每天拿着亲家相片叫家家，将来见面一定只知道这位是亲家了。

爹爹　十一月九日

致思成书

1925 年 12 月 27 日

今天报纸上传出可怕的消息，我不忍告诉你，又不能不告诉你，你要十二分镇定着，看这封信和报纸。

我们总还希望这消息是不确的，我见报后，立刻叫王姨入京，到林家探听，且切实安慰徽音的娘，过一两点他回来，或者有别的较好消息也不定。

林叔叔这一年来的行动，实亦有些反常，向来很信我的话，不知何故，一年来我屡次忠告，他都不采纳。我真是一年到头替他捏着一把汗，最后这一着真是更出我意外。他事前若和我商量，我定要尽我的力量叩马而谏，无论如何决不让他往这条路上走。他一声不响，直到走了过后第二日，我才在报纸上知道，第三日才有人传一句口信给我，说他此行是以进为退，请我放心。其实我听见这消息，真是十倍百倍地替他提心吊胆，如何放心得下。当时我写信给你和徽音，报告他平安出京，一面我盼望在报纸上得着他脱离虎口的消息，但此虎口之不易脱离，是看得见的。

前事不必提了，我现在总还存万一的希冀，他能在乱军中逃命出来。万一这种希望得不着，我有些话切实嘱咐你。

第一，你要自己十分镇静，不可因刺激太剧，致伤自己的身体。因为一年以来，我对于你的身体，始终没有放心，直到你到阿图利后，姊妹来信，我才算没有什么挂虑。现在又要挂虑起来了，你不要令万里外的老父为着你寝食不宁，这是第一层。徽音遭此惨痛，惟一的伴侣，惟一的安慰，就只靠你。你要自己镇静着，才能安慰他，这是第二层。

第二，这种消息，谅来瞒不过徽音。万一不幸，消息若确，我也无法用别的话解劝他，但你可以传我的话告诉他：我和林叔的关系，他是知道的，林叔的女儿，就是我的女儿，何况更加以你们两个的关系。我从今以后，把他和思庄一样地看待，在无可慰藉之中，我愿意他领受我这种十二分的同情，渡过他目前的苦境。他要鼓起勇气，发挥他的大才，完成他的学问，将来和你共同努力，替中国艺术界有点贡献，才不愧为林叔叔的好孩子。这些话你要用尽你的力量来开解他。

人之生也，与忧患俱来，知其无可奈何，而安之若命。你们都知道我是感情最强烈的人，但经过若干时候之后，总能拿出理性来镇住他，所以我不致受感情牵动，糟蹋我的身子，妨害我的事业。这一点你们虽然不容易学到，但不可不努力学学。

徽音留学总要以和你同时归国为度。学费不成问题，只算我多一个女儿在外留学便了，你们更不必因此着急。

民国十四年十二月二十七日

致思成书

1926 年 1 月 5 日

思成：

我初二进城，因林家事奔走三天，至今尚未返清华。前星期因有营口安电，我们安慰一会儿。初二晨，得续电又复绝望。立刻电告你并发一信，想俱收。徽音有电来，问现在何处？电到时此间已接第二次凶电，故不复。昨晚彼中脱难之人，到京面述情形，希望全绝，今日已发丧了。遭难情形，我也不必详报，只报告两句话：（一）系中流弹而死，死时当无大痛苦；（二）遗骸已被焚烧，无从运回了。我们这几天奔走后事，昨日上午我在王熙农家连四位姑太太都见着了，今日到雪池见着两位姨太太。现在林家只有现钱三百余元，营口公司被张作霖监视中，现正托日本人保护，声称已抵押日款，或可幸存。实则此公司即能保全，前途办法亦甚困难。字画一时不能脱手，亲友赙奠数恐亦甚微。目前家境已难支持，此后儿女教育费更不知从何说起。现在惟一的办法，仅有一条路，即国际联盟会长一职，每月可有二千元收入（钱是有法拿到的）。我昨日下午和汪年伯商量，请他接手，而将所入仍归林家，汪年伯慷慨答应了。现在与政府交涉，请其立刻发表。此事若办妥而能继续一两年，则稍为积储，可以充将来家计之一部分。我们拟联合几位朋友，连同他家兄弟亲戚，组织一个抚养遗族评议会，托林醒楼及王熙农、卓君庸三人专司执行。因为他们家里问题很复杂，兄弟亲戚们或有见得到，而不便主张者，则朋友们代为主张。这些事过几天（待丧事办完后）我打算约齐各人，当着两位姨太太面前宣布办法，分担责成（家事如何收束等等经我们议定后谁也不许反抗）。但现在惟一希望，在联盟会事成功，若不成，我们也束手无策了。徽音的娘，除自己悲痛外，最挂念的是徽音要急杀。我告诉他，我已经有很长的信给你们了。徽音好孩子，谅来还能信我的话。我问他还有什么（特别）话要我转告徽音没有？他说："没有，只有盼望徽音安命，自己保养身体，此时不必回国。"我的话前两封信都已说过了，现在也没有别的话说，只要你认真解慰便好了。徽音学费现在还有多少，还能支持几个月，可立刻告我，我日内当极力设法，筹多少寄来。我现在虽然也很困难，只好对付一天是一天，倘若家里那几种股票还有利息可分，恐怕最靠得住的几个公司都会发生问题，因为在丧乱如麻的世界中什么事业都无可做。今年总可勉强支持，明年再说明年的话。天下在乱之时，今天谁也料不到明天的事，只好随遇而安罢了。你们现在着急也无益，只有努力把自己学问学够了回来，创造世界才是。

民国十五年一月五日

给孩子们书

1926 年 2 月 9 日

你们寒假时的信，先后收到了。海马帽昨日亦到，漂亮极了，我立刻就戴着出门。不戴怕过两日就天暖了，要到今冬才得戴。

今日是旧历十二月二十七了。过两天我们就回南长街过新年，达达、司马懿都早已放假来京了。过年虽没有前几年热闹，但有老白鼻凑趣，也还将就得过去。

我的病还是那样，前两礼拜已见好了。王姨去天津，我便没有去看。又很费心造了一张《先秦学术年表》，于是小便又再红起来，被克礼很抱怨一会儿，一定要我去住医院，没奈何只得过年后去关几天！朋友们都劝我在学校里放一两个月假，我看住院后如何再说，其实我这病一点苦痛也没有，精神体气一切如常，只要小便时闭着眼睛不看，便什么事都没有，我觉得殊无理会之必要。

庄庄暑假后进皇后大学最好，全家都变成美国风实在有点讨厌，所以庄庄能在美国以外的大学一两年是最好不过的。今年家计还不致困难，除中原公司外，别的股份都还好，你们不必担心。

小白鼻真乖，居然认得许多字，老白鼻一天到黑“手不释卷”，你们爷儿俩都变成书呆子了。

民国十五年二月九日

菲律宾来单一张寄去。

给孩子们书

1926 年 2 月 18 日

我从昨天起被关在医院里了。看这神气三两天内还不能出院，因为医生还没有找出病源来。我精神奕奕，毫无所苦。医生劝今多仰趴不许用心，真闷煞人。（以上正月初四写。）

入医院今已第四日了，医生说是膀胱中长一疙瘩，用折光镜从溺道中插入检查，颇痛苦，但我对此说颇怀疑，因此病已逾半年，小便从无苦痛，不似膀胱中有病也。已照过两次，尚未检出，检出后或须用手术。现已电唐天如速来。但道路梗塞，非半月后不能到。我意非万不得已不用手术，因用麻药后，体子终不免吃亏也。

阳历新年前后顺、庄各信次第收到。庄庄成绩如此，我很满足了。因为你原是提高一年，和那按级递升的洋孩子们竞争，能在三十七人考到第十六，真亏你了：好乖乖，不必着急，只须用相当的努力便好了。

寄过两回钱，共一千五百元，想已收。日内打算再汇二千元。大约思成和庄庄本年费用总够了，思永转学后谅来总须补助些，需用多少即告我。徽音本年需若干，亦告我，当一齐筹来。

庄庄该用的钱就用，不必太过节省。爹爹是知道你不会乱花钱的，再不会因为你用钱多生气的。思成饮食上尤不可太刻苦，前几天见着君劢的弟弟，他说思成像是滋养品不够，脸色很憔悴。你知道爹爹常常记挂你，这一点你要令爹爹安慰才好。

徽音怎么样？我前月有很长的信去开解他，我盼望他能领会我的意思。“人之生也，与忧患俱来，知其无可奈何，而安之若命，是立身第一要诀。”思成、徽音性情皆近狷急，我生怕他们受此刺激后，于身体上精神上皆生不良的影响。他们总要努力镇慑自己，免令老人担心才好。

我这回的病总是太大意了，若是早点医治，总不致如此麻烦。但病总是不要紧的，这信到时，大概当已痊愈了。但在学堂里总须放三两个月假，觉得有点对不住学生们罢了。

前几天在城里过年，很热闹，我把南长街满屋子都贴起春联来了。

军阀们的仗还是打得一塌糊涂。王姨今早上送达达回天津，下半天听说京津路又不通了（不知确否），若把他关在天津，真要急杀他了。

民国十五年二月十八日

给孩子们书

1926年2月27日

孩子们：

我住医院忽忽两星期了，你们看见七叔信上所录二叔笔记，一定又着急又心疼，尤其是庄庄只怕急得要哭了。忠忠真没出息，他在旁边看着出了一身大汗，随后着点凉，回学校后竟病了几天，这样胆子小，还说当大将呢。那天王姨送达达回天津没有在旁，不然也许要急出病来。其实用那点手术，并没什么痛苦，受麻药过后也没有吐，也没有发热，第二天就和常人一样了。检查结果，即是膀胱里无病，于是医生当做血管破裂（极细的）医治，每日劝多卧少动作，说“安静是第一良药”。两三天以来，颇见起色，惟血尚未能尽止（比以前好多了），而每日来看病的人络绎不绝，因各报皆登载我在德医院，除《晨报》外。实际上反增劳碌。我很想立刻出院，克礼说再住一礼拜才放我，只好忍耐着。许多中国医生说这病很寻常，只须几服药便好。我打算出院后试一试，或奏奇效，亦未可知。

天如回电不能来，劝我到上海，我想他在吴佩孚处太久，此时来北京，诚有不便，打算吃谭涤安的药罢了。

忠忠、达达都已上学去，惟思懿原定三月一号上学，现在京津路又不通了，只好留在清华。他们常常入城看我，但城里流行病极多（廷灿染春瘟病极重），恐受传染，今天已驱逐他们都回清华了，惟王姨还常常来看（二叔、七叔在此天天来看），其实什么病都没有，并不须人招呼，家里人来看亦不过说说笑笑罢了。

前两天徽音有电来，请求彼家眷属留京（或彼立归国云云），得电后王姨亲往见其母，其母说回闽属既定之事实，日内便行（大约三五日便动身），彼回来亦不能料理家事，切嘱安心求学云云。他的叔叔说十二月十五（旧历）有长信报告情形，他得信后当可安心云云。我看他的叔叔很好，一定能令他母亲和他的弟妹都得所。他还是令他自己学问告一段落为是。

却是思成学课怕要稍为变更。他本来想思忠学工程，将来和他合作。现在忠忠既走别的路，他所学单纯是美术建筑，回来是否适于谋生，怕是一问题。我的计划，本来你们姊妹弟兄个个结婚后都跟着我在家里三几年，等到生计完全自立后，再实行创造新家庭。但现在情形，思成结婚后不能不迎养徽音之母，立刻便须自立门户，这便困难多了，所以生计问题，刻不容缓。我从前希望他学都市设计，只怕缓不济急。他毕业后转学建筑工程，何如？我对专门学科情形不熟，思成可细细审度，回我一信。

我所望于思永、思庄者，在将来做我助手。第一件，我做的中国史非一人之力所能成，望他们在我指导之下，帮我工作。第二件，把我工作的结果译成外国文。永、庄两人当专作这种预备。

民国十五年二月二十七日

给大小孩子们书

1926 年 3 月 10 日

大孩子、小孩子们：

贺寿的电报接到了，你们猜我在哪里接到？乃在协和医院三零四号房。你们猜我现在干什么？刚被医生灌了一杯蓖麻油禁止吃晚饭。活到五十四岁，儿孙满堂，过生日要挨饿，你们说可笑不可笑。

Baby，你看！公公不信话，不乖乖过生日还要吃泻油，不许吃东西哩！

我想作一首诗，唱唱这段故事，但作来作去作不好，算了罢。过用心思，又要受王姨娘们唠叨了。

我这封信写得最有趣，是坐在病床上用医院吃饭用的盘当桌子写的，我发明这项工具，过几天可以在病床上临帖了。

现在还是检查（诊断）时期。昨天查过一次，明天再查一次，就可以决定治疗方法了。协和真好，可惜在德国医院耽搁许多日子，不然只怕现在已经全好了。

诊断情形，你二叔们当陆续有详细报告，不消我说了。我写这封信，是要你们知道我的快活顽皮样子。昨晚院中各科专门医生分头来检查我的身体，各部分部查到了，都说：五十岁以上的人体子如此结实，在中国是几乎看不见第二位哩。

民国十五年（旧）正月二十六

给孩子们书

1926年4月19日

出院后一长函，想收。日来甚安好，小便尚偶尔带红，细验似由走动所致（两次皆因散步稍久），大抵仍是微丝血管破裂，只须不磨擦，便可平复也。我近来真是无所用心，每日卧床时间总在十二个钟头以上，欲照此办法一两月，看如何。前书言派代表往领耶鲁学位事，顷查耶鲁向无派代表例，或明年来美一玩耍，亦大佳耳。都中情状剧变，四日前四城紧闭，现每日仍仅开一两次，每次半个钟头耳。幸我早数日出院，否则王姨不免两头担心矣。

民国十五年四月十九日

致思顺书

1926年6月5日

顺儿：

四月二十三、五月三日寄南长街两信，连寄叔叔们的信，都先后收到，但四月十五以前像还有一封长信，想已失掉了。那封信上谅来谈到你们不愿意调任的话吧。

我现在还想你们把你们的意思详说，等我斟酌着随时替你们打算哩。

你屡次来信，都问我受手术后情形如何如何，像十二分不放心的样子。这也难怪，因为你们在远方不知情形，但我看见信只是好笑，倘使你在我身边看着，谅来也哑然失笑了。你们的话完全不对题，什么疲倦不疲倦，食欲好不好，我简直不知道有这一回事。我受手术十天之后，早已一切如常，始终没有坐过一回摇推的椅子。记得第十一天晚上，我偷偷地下床上茅房（因不愿在床上出恭，茅房与卧房相隔数间），被看护妇看见，埋怨了半天。我在医院里写了几十把扇子，从医生看护妇到厨子打杂每人都求了一把。受术后第四天便胃口如常，中间因医生未得病源，种种试验，曾经有一个礼拜不给肉品我吃，饿得我像五台山上的鲁智深，天天向医生哀求开荤，出院后更不用说了。总而言之，受手术后十天，早已和无病人一样，现在做什么事情，都有兴致，绝不疲倦，一点钟以上的演讲已经演过几次了。七叔、王姨们初时屡屡警告，叫我“自己常常记得还是个病人”。近来他们看惯了，也疲了，连他们也不认我还是病人了。

看见你的信，四月二十前后还像没有复元的样子。五月三日信还说“稍为累点，就不舒服”，真令我诧异。或者你的手术比我重吗？

其实我的也很不轻，受麻药的次数，比你多得多了。这样看来，你的体子比我真有天渊之别，我真是得天独厚，医院里医生看护妇都说像我复元得这样快是从没有看见过的。不是经比较，还不自觉哩。

我一月以前，绝不担心你的病，因为我拿自己做例，觉得受手术不算一回事，但是接连看你的信，倒有点不放心了。我希望不久接着你完全复元的信说："虽累了，也照常受得起"，那才好哩。

近来因我的病惹起许多议论。北京报纸有好几家都攻击协和（《现代评论》《社会日报》攻得最厉害），我有一篇短文在《晨报》副刊发表，带半辩护的性质，谅来已看见了，总之，这回手术的确可以不必用，好在用了之后身子没有丝毫吃亏，唐天如细细诊视，说和从前一样，只算费几百块钱，挨十来天痛苦，换得个安心也还值得。

现在病虽还没有清楚，但确已好多了，而且一天比一天好，或者是协和的药有效（现在还继续吃），或者是休息的效验，现在还不能十分休息（正在将近毕业要细阅学生们成绩），半月后到北戴河去，一定更好了。

我想来美一游，各人也不十分反对，但都怕我到美决不能休息，或者病又复发。所以阻止者多，现在决定不来了。

蹇季常、张君劢们极力劝我在清华告假一年，这几天不停地唠叨我。他们怕一开课后我便不肯休息，且加倍工作。我说我令自己节制。他们都不相信。但是我实在舍不得暂离清华，况且我实际上已经无病了。我到底不能采用他们的建议。总之，极力节制，不令过劳便是。你们放心罢。

由天津电汇四千元，想已收。一半是你们存款，一半给思庄们学费，你斟酌着分给他们。思成在费城，今年须特别耗费，务令他够用，不致吃苦。思永也须贴补点，为暑假旅行及买书等费。

思庄考得怎样，能进大学固甚好，即不能也不必着急，日子多着哩。

我写的一幅小楷，装上镜架给他做奖品，美极了，但很难带去，大概只好留着等他回来再拿了。

许久没有写信给成、永们，好在给你的信，他们都会看见的。

民国十五年六月五日

致梁思顺书

1926 年 6 月 11 日

顺儿：

前次以为失掉了你一封信，现在也收到了，系封在阿时信内，迟了一水船才到。

弟弟们把我的信扣留，我替你出个法子，你只写信给他们，说，若不肯将信寄回来，以后爹爹有信到，便藏着不给他们看，他们可就拗你不过了。

你们不愿意调任及调部也是好的，知足不辱，知止不殆，只要不至冻馁，在这种半清净半热闹的地方，带着孩子们读书最好，几个孙子叫他们尝尝寒素风味，实属有益。试拿他们在菲律宾过的生活和你们在日本时比较，实在太过分了。若再调到热带殖民地去，虽多几个钱，有什么用处呢。你们也不必变更计划，打算早回来，我这病绝不要紧，已经证明了。你们还是打四五年后回来的主意最好，总之到我六十岁生日时，算来全部都回来了，岂不太高兴。

这一两年内，我终须要到美国玩一趟，你们等着罢。再过一星期就去北戴河了。

爹爹　六月十一日

致思忠书

1926 年 8 月 16 日

海滨有绑票之警（事在距车站约十二里之乡村），游客逃避一空，吾亦守垂堂之戒，于今晨尽室返津矣。

病虽未痊愈（偶然便带哑色，但已非红非紫），比前次确减轻许多。年余之痼疾，本非三数日所能全治，但药之有效，已灼然矣。往告兄姊可大欣慰也。庄庄入费城暑校，汝到时想尚在彼，至可喜。汝凡百小心，勿诒老亲远念。（以上八月十四日写。）

返天津后继续服药，又大见效。北戴河水土不宜，致减药功也。汝到美时，想赤焰早已肃清，告姊姊们完全放心便是。

民国十五年八月十六日

给大小孩子们书

1926 年 8 月 22 日

一大群大大小小孩子们：

好教你们欢喜，我的病冀真真正正完完全全好得清清楚楚了！服药前和服药后，便色之变迁，忠忠已大略看见。忠忠在津时，色不过转淡而已，尚未纯复原，再到北戴河那两天像有点要翻的样子，后来加减一两味药，回津再服，果然服三剂病根全除，前后共服过十剂，现已停药一礼拜了。总之，药一下去，便见功效，由紫红变粉红，变哑色，变黄，十剂以后，完全变白，血腥气味净尽，回复到平常尿味。这几天内经过种种试验，也曾有朋友来接连剧谈五个钟头，又曾往俄国公园散步一点多钟，又曾吃过一瓶大麦酒，又曾睡眠极久诸如此类，前此偶犯其一，病辄大发，现在完全没有，真算好清楚了。痛快至极！据天如说，病源在胆，因惊皇而起，胆生变动，而郁积结于膀胱，其言虽涉虚杳，但亦有几分近似。盖吾病之起，实在你们妈妈病重时，不过从前不注意，没有告你们耳。天如说的病理对不对，他的药真是其应如响，一年半之积痼，十日而肃清之，西医群束手谓不可治，而一举收此奇效，可谓能矣。吾现仍小心静养，不太劳，你们十二分放心罢。这封信专报告病之肃清，不说别的。

民国十五年八月二十二日

给孩子们书

1926 年 9 月 4 日

孩子们：

今天接顺儿八月四日信，内附庄庄由费城去信，高兴得很。尤可喜者，是徽音待庄庄那种亲热，真是天真烂漫好孩子。庄庄多走些地方（独立的），多认识些朋友，性质格外活泼些，甚好甚好。但择交是最要紧的事，宜慎重留意，不可和轻浮的人多亲近。庄庄以后离开家庭渐渐的远，要常常注意这一点。大学考上没有？我天天盼这个信，谅来不久也到了。

忠忠到美，想你们兄弟姊妹会在一块儿，一定高兴得很，有什么有趣的新闻，讲给我听。

我的病从前天起又好了，因为碰着四姑的事，病翻了五天（五天内服药无效），这两天哀痛过了，药又得力了。昨日已不红，今日很清了，只要没有别事刺激，再养几时，完全断根就好了。

四姑的事，我不但伤悼四姑，因为细婆[1]太难受了，令我伤心。现在祖父祖母都久已弃养，我对于先人的一点孝心，只好寄在细婆身上，千辛万苦，请了出来，就令他老人家遇着绝对不能宽解的事（怕的是生病），怎么好呢？这几天全家人合力劝慰他，哀痛也减了好些，过几日就全家入京去了。清华八日开学，我六日便入京，在京城里还有许多事要料理，王姨和细婆等迟一个礼拜乃去。

思永两个月没有信来，他娘很记挂，屡屡说："想是冲气吧"，

---

[1] 细婆：梁启超的继母。

我想断未必，但不知何故没有信。你从前来信说不是悲观，也不是精神异状，我很信得过是如此，但到底是年轻学养未到，我因久不得信，也不能不有点担心了。

国事局面大变，将来未知所届，我病全好之后，对于政治不能不痛发言论了。

民国十五年九月四日

给孩子们书

1926年9月14日

孩子们：

我本月六日入京，七日到清华，八日应开学礼讲演，当日入城，在城中住五日，十三日返清华。王姨奉细婆亦已是日从天津来，我即偕同王姨、阿时、老白鼻同到清华。此后每星期大抵须在城中两日，余日皆在清华。北院二号之屋（日内将迁居一号）只四人住着，很清静。

此后严定节制，每星期上堂讲授仅二小时，接见学生仅八小时，平均每日费在学校的时刻，不过一小时多点。又拟不编讲义，且暂时不执笔属文，决意过半年后再作道理。

我的病又完全好清楚，已经十日没有复发了。在南长街住那几天，你二叔天天将小便留下来看，他说颜色比他的还好，他的还像普洱茶，我的简直像雨前龙井了。自服天如先生药后之十天，本来已经是这样，中间遇你四姑之丧，陡然复发，发得很厉害。那时刚刚碰着伍连德[1]到津，拿小便给他看，他说“这病绝对不能不理会”，他入京当向协和及克礼等详细探索实情云云。五日前在京会着他，他已探听明白了。他再见时，尿色已清，他看着很赞叹中药之神妙（他本来不鄙薄中药），他把药方抄去。天如之方以黄连、玉桂、阿胶三药为主。近闻有别位名医说，敢将黄连和玉桂合在一方，其人必是名医云云。他说很对很对，劝再服下去。他说本病就一意靠中药疗治便是了。却是因手术所发生的影响，最当注意。他已证明手术是协和孟浪错误了，割掉的右肾，他已看过，并没有丝毫病态，他很责备协和粗忽，以人命为儿戏，

---

[1] 伍连德（1879—1960），祖籍广东新宁，公共卫生学家，中国检疫、防疫事业的先驱。曾入英国剑桥大学学医，获得博士学位，与梁启超等人多有交往。

协和已自承认了。这病根本是内科，不是外科。在手术前克礼、力舒东、山本乃至协和都从外科方面研究，实是误入歧途。但据连德的诊断，也不是所谓“无理由出血”，乃是一种轻微肾炎。西药并不是不能医，但很难求速效，所以他对于中医之用黄连和玉桂，觉得很有道理。但他对于手术善后问题，向我下很严重的警告。他说割掉一个肾，情节很是重大，必须俟左肾慢慢生长，长到大能完全兼代右肾的权能，才算复原。他说“当这内部生理大变化时期中（一种革命的变化），左肾极吃力，极辛苦，极娇嫩，易出毛病，非十分小心保护不可。惟一的戒令，是节劳一切工作，最多只能做从前一半，吃东西要清淡些……”等等。我问他什么时候才能生长完成？他说“没有一定，要看本来体气强弱及保养得宜与否，但在普通体气的人，总要一年”云云。他叫我每星期验一回小便（不管色红与否），验一回血压，随时报告他，再经半年才可放心云云。连德这番话，我听着很高兴。我从前很想知道右肾实在有病没有，若右肾实有病，那么不是便血的原因，便是便血的结果。既割掉而血不止，当然不是原因了。若是结果，便更可怕，万一再流血一两年，左肾也得同样结果，岂不糟吗。我屡次探协和确实消息，他们为护短起见，总说右肾是有病（部分腐坏），现在连德才证明他们的谎话了。我却真放心了，所以连德忠告我的话，我总努力自己节制自己，一切依他而行（一切劳作比从前折半）。

但最近于清华以外，忽然又发生一件职务，令我欲谢而不能，又已经答应了。这件事因为这回法权会议的结果，意外良好，各国代表的共同报告书，已承诺撤回领事裁判权，只等我们分区实行。但我们却有点着急了，不能不加工努力。现在为切实预备计，立刻要办两件事：一是继续修订法律，赶紧颁布；二是培养司法人才，预备“审洋鬼子”。头一件要王亮俦[1]担任。第二件要我担任（名曰司法储才馆）。我入

[1] 王亮俦（1881—1958）即王宠惠，字亮俦，广东东莞人。早年留学日本，后留学美国，入耶鲁大学，获博士学位。辛亥革命后任外交总长、司法总长，后历任国民政府司法部长、外交部长等职。

京前一礼拜，亮俦和罗钧任[1]几次来信来电话，催我入京。我到京一下车，他们两个便跑来南长街，不由分说，责以大义，要我立刻允诺。这件事关系如此重大，全国人渴望已非一日，我还有甚么话可以推辞，当下便答应了。现在只等法权会议签字后（本礼拜签字），便发表开办了。经费呢每月有万余元，确实收入可以不必操心。在关税项下每年拨十万元，学费收入约四万元。但创办一学校事情何等烦重，在静养中当然是很不相宜；但机会迫在目前，责任压在肩上，有何法逃避呢？好在我向来办事专在"求好副手"。上月工夫我现在已得着一个人替我全权办理，这个人我提出来，亮俦、钧任们都拍手，谅来你们听见也大拍手。其人为谁？林宰平便是。他是司法部的老司长，法学湛深，才具开展，心思致密，这是人人共知的。他和我的关系，与蒋百里，蹇季常相仿佛，他对于我委托的事，其万分忠实，自无待言。储才馆这件事，他也认为必要的急务，我的身体要静养，又是他所强硬主张的（他屡主张我在清华停职一年），所以我找他出来，他简直无片词可以推托，政府原定章程，是"馆长总揽全馆事务"。我要求增设一副馆长，但宰平不肯居此名，结果改为学长兼教务长。你二叔当总务长兼会计。我用了这两个人，便可以"卧而治之"了。初办时教员职员之聘任，当然要我筹划，现在亦已大略就绪。教员方面因为经费充足，兼之我平日交情关系，能网罗第一等人才，如王亮俦、刘崧生等皆来担任功课，将来一定声光很好。职员方面，初办时大大小小共用二十人内外，一面为事择人，一面为人择事，你十五舅和曼宣都用为秘书（月薪百六十元，一文不欠），乃至你姑丈（六十元津贴）及黑二爷（二十五元）都点缀到了。藻孙若愿意回北京，我也可以给他二百元的事去办。我比较撙节地制成个预算，每月尚敷余三千至四千。大概这件事我当初办时，虽不免一两月劳苦，以后便可以清闲了。你们听见了不必忧

[1] 罗钧任（1888—1941）即罗文干，字钧任，广东番禺人。早年留学英国学习法律，中华民国成立后任广东司法局长、广东高等检察厅长，后历任梁士诒内阁司法总长、王宠惠内阁财政总长等职。

虑。这一两个月却工作不轻，研究院新生有三十余人，加以筹划此事，恐对于伍连德的话，须缓期实行。

做首长的人，“劳于用人而逸于治事”，这句格言真有价值。我去年任图书馆长以来，得了李仲揆及袁守和[1]任副馆长及图书部长，外面有范静生[2]替我帮忙，我真是行所无事。我自从入医院后（从入德医院起）从没有到馆一天，忠忠是知道的。这回我入京到馆两个半钟头，他们把大半年办事的记录和表册等给我看，我于半年多大大小小的事都了然了。真办得好，真对得我住！杨鼎甫、蒋慰堂二人从七月一日起到馆，他们在馆办了两个月事，兴高采烈，觉得全馆朝气盎然，为各机关所未有，虽然薪水微薄（每人每月百元），他们都高兴得很，我信得过宰平替我主持储才馆，亮俦在外面替我帮忙也和范静生之在图书馆差不多。将来也是这样。

希哲升任智利的事，已和蔡耀堂面言，大约八九可成。或者这信到时已发表亦未可知。若未发表那恐是无望了。

思顺八月十三日信，昨日在清华收到。忠忠抵美的安电，王姨也从天津带来，欣慰之至。正在我想这封信的时候，想来你们姊弟五人正围着高谈阔论，不知多少快活哩。庄庄入美或留坎[3]问题，谅来已经决定，下次信可得报告了。

思永给思顺的信说“怕我因病而起的变态心理”，有这种事吗？何至如是，你们从我信上看到这种痕迹吗？我决不如是，忠忠在旁边看着是可以证明的。就令是有，经这回唐天如、伍连德诊视之后，心

---

[1] 袁守和（1895—1965）即袁同礼，字守和，河北徐水人，我国现代图书馆事业的先驱。著有《永乐大典考》《宋代私家藏书概略》等。

[2] 范静生（1875—1927）即范源廉，著名化工专家范旭东的长兄，梁启超的得意门生。百日维新失败后，逃亡日本。1922 年担任北京师范大学校长。曾于 1912 年、1916 年、1920 年三度出任中华民国教育总长。1918 年冬，与张伯苓、严修一同赴美国考察教育，回国后即致力于南开大学的创办。

[3] 坎：在此指加拿大。

理也豁然一变了。你们大大放心罢。写得太多了，犯了连德的禁令了，再说罢。

爹爹　民国十五年九月十四日

老白鼻天天说要到美国去，你们谁领他，我便贴四分邮票寄去。

致思顺书

1926年9月17日

顺儿：

九月七日、十日信收到，计发信第二日，忠忠便到阿图利，你们姊弟相见，得到忠忠报告好消息，一切可以释然了。

我的信有令你们难过的话吗？谅来那几天忠忠正要动身，有点舍不得，又值那几天病最厉害，服天如药以前，小便觉有点窒塞。所以不知不觉有些感慨的话，其实我这个人你们还不知道吗？

我有什么看不开，小小的病何足以灰我的心，我现在早已兴会淋漓地做我应做的工作了。你们不信，只要问阿时便知道了。

我现在绝对的不要你回来，即便这点小病未愈，也不相干，何况已经完好了呢！你回来除非全眷回来，不然隔那么远，你一心挂两路，总是不安。你不安，我当然也不安，何必呢！现在几个孙子已入学校，若没有别的事，总令他们能多继续些时候才好。

我却不想你调别处，若调动就是回部补一个实缺参事，但不容易办到（部中情形我不熟），又不知你们愿意不？来信顺便告诉我一声。现在少川又回外交部。本来智利事可以说话，但我也打算慢点再说（因为我根本不甚愿意你们远调），好在外交总长总离不了这几个，随时可以说的。

我倒要问你一件事。一月前我在报纸上看见一段新闻，像是说明年要在加拿大开万国教育大会，不知确否？你可就近一查。若确，那时我决定要借这名目来一趟，看看我一大群心爱的孩子。你赶紧去查明，把时日告诉我，等我好预备罢。

我现在新添了好些事情：司法储才馆和京师图书馆（去年将教育部之旧图书馆暂行退还不管，现在我又接过来）。好在我有好副手替我办，储才馆托给林宰平，你二叔帮他。旧图书馆托给罗孝高，何澄一帮他。我总其大成并不劳苦。我一天还是在清华过我的舒服日子。

曾刚父年伯病剧。他的病和你妈妈一样，数月前已发，若早割尚可救，现在已溃破，痛苦万状，看情形还不能快去。我数日前去看他，联想起你妈妈病状，伤感得很。他穷得可怜，我稍为送他的钱，一面劝他无须找医生白花钱了。

陈伯严老伯也患便血病，但他很痛苦，比我差多了，年纪太大（七十二了），怕不容易好。十年以来，亲友们死亡疾病的消息，常常络绎不绝，伯严的病由酒得来，我病后把酒根本戒绝，总是最好的事。这也是无可如何的事。

二叔和老白鼻说，把两个小妹妹换他的小弟弟，他答应了。回头忽然问："哪个小弟弟？"二叔说："你们这个。"他说："不，不，把七叔的小弟弟给你。"你们看他会打算盘吗？

民国十五年九月十七日

给孩子们书

1926 年 9 月 27 日

昨夜十二时半你们又添一个小弟弟，母子平安。拟到协和分娩，不意突如其来，昨晚十时我写完前信便去睡，刚要睡着，王姨忽觉震动，欲命车进城，恐来不及，乃找本校医生，幸亏医生在家，一切招呼完善，昨日搬家一切东西略已搬毕，惟睡床未搬，临时把王姨的床搬过来，刚刚赶得上。仅一个多钟头便完事了。你们姊妹弟兄真已不少，我倒很盼他是女孩子，那便姊妹弟兄各五人，现在男党太盛了。这是第十个，十为盈数，足够了。

民国十五年九月二十七日

给孩子们书

1926 年 9 月 29 日

孩子们：

今天从讲堂下来，接着一大堆信——坎拿大三封内夹成、永、庄寄加的好几封，庄庄由纽约来的一封，又前日接到思永来一封，忠忠由域多利来的一封——令我喜欢得手舞足蹈。我骤然看见域多利的信封，很诧异！哪一个跑到域多利去呢？拆开一看，才知忠忠改道去先会姊姊。前接阿图利电说忠忠十一日到，我以为是到美境哩，谁知便是那天到阿图利！忠忠真占便宜，这回放洋，在家里欢天喜地地送他，比着两位哥哥，已经天渊之别了，到了那边，又分两回受欢迎，不知多高兴。

我最喜欢的是庄庄居然进了大学了。尤其喜欢是看你们姊弟兄妹们来往信，看出那活泼样子。我原来有点怕，庄庄性情太枯寂些，因为你妈妈素来管得太严，他又不大不小夹在中间，挨着我的时候不多——不能如老白鼻的两亲家那样——所以觉得欠活泼。这一来很显出青年的本色，我安慰极了。

回坎进大学。当然好极了。我前次信说赞成留美，不过怕顺儿们有迁调时，他太寂寞。其实这也不相干。满地可我也到过，离坎京极近，暂时我大大放心了。过得一两年，年纪更长大，当然不劳我挂念了。我很不愿意全家变成美国风。在坎毕业后往欧洲入研究院，是最好不过的。

时局变化极剧，百里所处地位极困难，又极重要。他最得力的几个学生都在南边，蒋介石三番四复拉拢他，而孙传芳又卑礼厚币要仗他做握鹅毛扇的人。孙、蒋间所以久不决裂，都是由他斡旋。但蒋军侵入江西，逼人太甚（俄国人逼他如此），孙为自卫，不得不决裂。我们的熟人如丁在君、张君劢、刘厚生等都在孙幕，参与密勿，他们都主战，百里亦不能独立异，现在他已经和孙同往前敌去了。老师打学生，岂非笑话（非寻常之师弟）。

顺儿们窘到这样可笑可怜，你们到底负债多少？这回八月节使馆经费一文也发不出，将来恐亦无望，我实在有点替你们心焦。调任事一时更谈不到了（现在纯陷于无政府状态）。我想还是勉强支持一两年（到必要时我可以随时接济些），招呼招呼弟妹们，令我放心，一面令诸孙安定一点，好好的上学，往后看情形再说罢。前所言司法储才馆事，现因政府搁浅，也暂时停顿，但此事为收回法权的主要预备，早晚终须办，现时只好小待。

又同书说：

我的“赤祸”，大概可以扫除净尽了。最近已二十多天没有再发。实际上讲，自忠忠动身时，渐渐肃清，中间惟四姑死后发了一礼拜，初到清华发了三天，中秋日小发，但不甚，过一天便好了。此外都是极好。今年我不编讲义，工夫极轻松，叫周传儒笔记，记得极好，你们在周刊上可以看见。每星期只上讲堂两点钟，在研究室接见学生五点钟（私宅不许人到），我从来没有过这样清闲。我恪守伍连德的忠告，决意等半年后完全恢复，再行自由工作。

民国十五年九月二十九日

给孩子们书

1926 年 10 月 4 日

我昨天做了一件极不愿意做之事，去替徐志摩[1]证婚。他的新妇是王受庆夫人，与志摩恋爱上，才和受庆离婚，实在是不道德至极。我屡次告诫志摩而无效。胡适之[2]、张彭春[3]苦苦为他说情，到底以姑息志摩之故，卒徇其请。我在礼堂演说一篇训词，大大教训一番，新人及满堂宾客无一不失色，此恐是中外古今所未闻之婚礼矣。今把训词稿子寄给你们一看。青年为感情冲动，不能节制，任意决破礼防的罗网，其实乃是自投苦恼的罗网，真是可痛，真是可怜！徐志摩这个人其实聪明，我爱他不过，此次看着他陷于灭顶，还想救他出来，我也有一番苦心。老朋友们对于他这番举动无不深恶痛绝，我想他若从此见摈于社会，固然自作自受，无可怨恨，但觉得这个人太可惜了，或者竟弄到自杀。我又看着他找得这样一个人做伴侣，怕他将来苦痛更无限，所以想对于那个人当头一棒，盼望他能有觉悟（但恐甚难），免得将来把志摩累死，但恐不过是我极痴的婆心便了。闻张歆海近来也很堕落，日日只想做官，志摩却是很高洁，只是发了恋爱狂——变态心理——变态心理的犯罪。此外还有许多招物议之处，我也不愿多

---

[1] 徐志摩（1897—1931）名章垿，字志摩，小字幼申。曾经用过的笔名：南湖、云中鹤。中国著名现代诗人、散文家，新月派的代表诗人。

[2] 胡适之（1891—1962）即胡适，原名胡洪（马辛）、嗣糜、字希疆，后改名适，字适之，安徽绩溪人。现代学者、历史学、文学家、哲学家。以倡导“五四”文学革命著闻于世。历任北京大学教授、北京大学校长等。

[3] 张彭春（1892—1957），字仲述，生于天津。中国教育家，早期话剧（新剧）活动家、导演。

讲了。品性上不曾经过严格的训练，真是可怕，我把昨日的感触，专写这一封信给思成、徽音、思忠们看看。

民国十五年十月四日

致孩子们书

1926 年 10 月 14 日

孩子们：

忠忠到阿图利的信收到了。你们何以担心我的病担心到如此厉害，或者因我在北戴河那一个多月去信太少吗？或者我的信偶然多说几句话，你们神经过敏疑神疑鬼吗？但忠忠在家天天跟着我，难道还看不出我的样子来，我心里何尝有不高兴呢？大抵我这个人太闲也是不行，现在每日有相当的工作，我越发精神焕发了。

美洲我是时时刻刻都想去的，但这一年内能否成行，仍是问题。因为新近兼兜揽着两件事，京师图书馆（重新接收过来）、司法储才馆，都是创办，虽然有好帮手，不复甚劳，但初期规划仍是我的责任，我若远行，恐怕精神涣散，难有成绩，且等几个月后情形如何再说。又欲筹游费，总须借个名目，若自己养病玩耍，却不好向任何方面要钱，所以我很想打听明年的万国教育会是否开在阿图利，若是在暑假期间开，我无论如何总要想法来一趟的。

明日是重阳，我打算带着老白鼻去上坟，我今年还没有到过坟上哩！小老白鼻也很结实，他娘娘体子也很好。再过两礼拜，打算带着他回津一行。

爹爹　十月十四日

给孩子们书

1926 年 10 月 19 日

我这几天忙得要命，两个机关正在开办，还有两位外宾，一位日本清浦子爵（前首相，旧熟人），一位瑞典皇太子。天天演说宴会，再加上学校功课，真是不得了。每天跑进城，又跑回校，替汽车油房做生意，但我精神极旺盛，一点也不觉疲劳。晚上还替松坡图书馆卖字，自己又临帖临出瘾。天天被王姨唠叨，逼着去睡。现在他又快来捣乱了，只得不写了。

前几天上坟去回来（重阳那天），“赤祸”又发作了三天，现在又全好了，大抵走路最不相宜。

民国十五年十月十九日

给孩子们书

1926 年 10 月 22 日

孩子们：

前天接着你们由费城来的杂碎信和庄庄进大学后来的信，真真高兴。

你们那种活泼亲热样子活现在纸上，我好容易细细研究算是把各人的笔迹勉强分别出来了，但是许多名词还不很清楚，只得当做先秦古书读。“心知其意”，“于其所不知，盖阙如也”。

你们一群小伙子怎么把一位老姊姊当做玩意儿去欺负他呢？做姊姊的也是不济事，为什么不板起面孔来每人给他几个嘴巴呢？你们别要得意，还有报应哩，再过十几年二十年，老白鼻、小白鼻也会照样地收拾你们！但是，到那时候，五十多岁老姊姊只怕更惹不起这群更小的小伙子了。

民国十五年十月二十二日写

致思永书

1926 年 12 月 10 日

思永：

得十一月七日信，喜欢至极。李济之[1]现在山西乡下（非陕西），正采掘得兴高采烈，我已立刻写信给他，告诉以你的志愿及条件，大约十日内外可有回信。我想他们没有不愿意的，只要能派你实在职务，得有实习机会，盘费食住费等等都算不了什么大问题，家里景况对于这点点钱还负担得起也。你所问统计一类的资料，我有一部分可以回答你，一部分尚须问人。我现在忙极，要过十天半月后再回你，怕你悬望，先草草回此数行。我近来真忙，本礼拜天天有讲演，城里的学生因学校开不了课，组织学术讲演会，免不了常去讲演。又著述之兴不可遏，已经动手执笔了（半月来已破戒亲自动笔）。还有司法储才馆和国立图书馆都正在开办，越发忙得要命。最可喜者，旧病并未再发，有时睡眠不足，小便偶然带一点黄或粉红，只须酣睡一次，就立刻恢复了。因为忙，有好多天没有给你们信（只怕十天八天内还不得空），你这信看完后立刻转给姊姊他们，免得姊姊又因为不得信挂心。

爹爹　民国十五年十二月十日

---

[1] 李济之（1896—1979）即李济，湖北钟祥人，字济之，人类学家、中国现代考古学家、中国考古学之父，是我国最早独立进行野外考古工作的学者。

给孩子们书

1926 年 12 月 20 日

孩子们：

寄去美金九十元作压岁钱，大孩子们每人十元，小孩子们共二十元，可分领买糖吃去。

我近来因为病已痊愈，一切照常工作，渐渐忙起来了。新近著成一书，名曰《王阳明知行合一之教》，约四万余言，印出后寄红领巾你们读。

前两礼拜几乎天天都有讲演，每次短者一点半钟，多者继续至三点钟，内中有北京学术讲演会所讲三次，地点在前众议院（法大第一院），听众充满全院（约四千人），在大冷天并无火炉（学校穷，生不起火），讲时要很大声，但我讲了几次，病并未发，可见是痊愈了。

前几天耶鲁大学又有电报来，再送博士，请六月二十二到该校，电辞极恳切，已经复电答应去了。你二叔不甚赞成，说还要写信问顺儿以那边详细情形，我想没有甚么要紧的，只须不到唐人街（不到西部），不上杂碎馆，上落船时稍为注意，便够了。我实在想你们，想得很，借这个机会来看你们一道，最好不过，我如何肯把他轻轻放过。

时局变迁非常剧烈，百里联络孙、唐，蒋的计划全归失败，北洋军阀确已到末日了。将此麻木不仁的状态打破，总是好的，但将来起的变症如何，现在真不敢说了。

民国十五年十二月二十日

给孩子们书

1927 年 1 月 2 日

今天总算我最近两个月来最清闲的日子，正在一个人坐在书房里拿着一部杜诗来吟哦。思顺十一月二十九日、十二月四日，思成十二月一日的信，同时到了，真高兴。

思成信上说徽音二月间回国的事，我一月前已经有信提过这事，想已收到。徽音回家看他娘娘一趟，原是极应该的，我也不忍阻止，但以现在情形而论，福州附近很混乱，交通极不便，有好几位福建朋友们想回去，也回不成。最近几个月中，总怕恢复原状的希望很少，若回来还是蹲在北京或上海，岂不更伤心吗？况且他的娘，屡次劝他不必回来，我想还是暂不回来的好。至于清华官费若回来考，我想没有考不上的。过两天我也把招考章程叫他们寄去，但若打定主意不回来，则亦用不着了。

思永回国的事，现尚未得李济之回话。济之（三日前）已经由山西回到北京了，但我刚刚进城去，还没有见着他。他这回采掘大有所获，捆载了七十五箱东西回来，不久便在清华考古室（今年新成立）陈列起来了，这也是我们极高兴的一件事。思永的事我本礼拜内准见着他，下次的信便有确答。

忠忠去法国的计划，关于经费这一点毫无问题，你只管预备着便是。

思顺们的生计前途，却真可忧虑，过几天我试和少川切实谈一回，但恐没有什么办法，因为使领经费据我看是绝望的，除非是调一个有收入的缺。

司法储才馆下礼拜便开馆，以后我真忙死了，每礼拜大概要有三天住城里。清华功课有增无减，因为清华寒假后兼行导师制，这是由各教授自愿的，我完全不理也可以，但我不肯如此。每教授担任指导学生十人，大学部学生要求受我指导者已十六人，我不好拒绝。又在燕京担任有钟点，燕京学生比清华多，他们那边师生热诚恳求我，也不好拒绝。真没有一刻空闲了。但我体子已完全复原，两个月来旧病完全不发，所以很放心工作去。

上月为北京学术讲演会作四次公开的讲演，讲坛在旧众议院，每次都是满座，连讲两三点钟，全场肃静无哗，每次都是距开讲前一两点钟已经人满。在大冷天气，火炉也开不起，而听众如此热诚，不能不令我感动。我常感觉我的工作，还不能报答社会上待我的恩惠。

我游美的意思还没有变更，现在正商量筹款，大约非有万金以上不够（美金五千），若想得出法子，定要来的，你们没有什么意见吧？

时局变迁极可忧，北军阀末日已到，不成问题了。北京政府命运谁也不敢作半年的保险，但一党专制的局面谁也不能往光明上看。尤其可怕者是利用工人鼓动工潮，现在汉口、九江大大小小铺子十有九不能开张，车夫要和主人同桌吃饭，结果闹到中产阶级不能自存，我想他们到了北京时，我除了为党派观念所逼不能不亡命外，大约还可以勉强住下去，因为我们家里的工人老郭、老吴、唐五三位，大约还不致和我们捣乱。你二叔那边只怕非二叔亲自买菜，二婶亲自煮饭不可了。而正当的工人也全部失业。放火容易救火难，党人们正不知何以善其后也。现在军阀游魂尚在，我们殊不愿对党人宣战，待彼辈统一后，终不能不为多数人自由与彼辈一拚耳。

思顺们的留支似已寄到十一月，日内当再汇上七百五十元，由我先垫出两个月，暂救你们之急。

寄上些中国画给思永、忠忠、庄庄三人挂于书房。思成处来往的人，谅来多是美术家，不好的倒不好挂，只寄些影片，大率皆故宫所藏名迹也。

现在北京灾官们可怜极了。因为我近来担任几件事，穷亲戚穷朋友们稍为得点缀。十五舅处东拼西凑三件事，合得二百五十元（可以实得到手），勉强过得去，你妈妈最关心的是这件事，我不能不尽力设法。其余如杨鼎甫也在图书馆任职得百元，黑二爷（在储才馆）也得三十元，玉衡表叔也得六十元，许多人都望之若登仙了。七叔得百六十元，廷灿得百元（和别人比较），其实都算过分了。

细婆近来心境渐好，精神亦健，是我们最高兴的事。现在细婆、七婶都住南长街，相处甚好，大约春暖后七叔或另租屋住。

老白鼻一天一天越得人爱，非常聪明，又非常听话，每天总逗我笑几场。他读了十几首唐诗，天天教他的老郭念，刚才他来告诉我说：老郭真笨，我教他念“少小离家”，他不会念，念成“乡音无改把猫摔”。他一面说一面抱着小猫就把那猫摔下地，惹得哄堂大笑。他念：“两人对酌山花开，一杯一杯又一杯，我醉欲眠君且去，明朝有意抱琴来。”总要我一个人和他对酌，念到第三句便躺下，念到第四句便去抱一部书当琴弹。诸如此类每天趣话多着哩。

我打算寒假时到汤山住几天，好生休息，现在正打听那边安静不安静。我近来极少打牌，一个月打不到一次，这几天司马懿来了，倒过了几回桥。酒是久已一滴不入口，虽宴会席上有极好的酒，看着也不动心。写字倒是短不了，近一个月来少些，因为忙得没有工夫。

民国十六年一月二日

致思永书

1927 年 1 月 10 日

思永读：

今天李济之回到清华，我跟他商量你归国事宜，那封信也是昨天从山西打回来他才接着，怪不得许久没有回信。

他把那七十六箱成绩平平安安运到本校，陆续打开，陈列在我们新设的考古室了。今天晚上他和袁复礼（是他同伴学地质学的）在研究院茶话会里头作长篇的报告演说，虽以我们门外汉听了，也深感兴味。他们演说里头还带着讲："他们两个人都是半路出家的考古学者（济之是学人类学的），真正专门研究考古学的人还在美国——梁先生之公子。"我听了替你高兴又替你惶恐，你将来如何才能当得起"中国第一位考古专门学者"这个名誉，总要非常努力才好。

他们这回意外的成绩，真令我高兴。他们所发掘者是新石器时代的石层，地点在夏朝都城——安邑的附近一个村庄，发掘到的东西略分为三大部分，陶器、石器、骨器。此外，他们最得意的是得着半个蚕茧，证明在石器时代已经会制丝。其中陶器花纹问题最复杂，这几年来（民国九年以后）瑞典人安迪生在甘肃、奉天发掘的这类花纹的陶器，力倡中国文化西来之说，自经这回的发掘，他们想翻这个案。

最高兴的是，这回所得的东西完全归我们所有（中华民国的东西暂陈设在清华），美国人不能搬出去，将来即以清华为研究的机关，只要把研究结果报告美国那学术团体便是，这是济之的外交手段高强，也是因为美国代表人卑士波到中国三年无从进行，最后非在这种条件之下和我们合作不可，所以只得依我们了。这回我们也很费点事，头一次去算是失败了，第二次居然得意外的成功。听说美国国务院总理还有电报来贺。

他们所看定采掘的地方，开方八百亩，已经采掘的只有三分——一亩十分之三——竟自得了七十六箱，倘若全部掘完，只怕故宫各殿的全部都不够陈列了。以考古学家眼光看中国遍地皆黄金，可惜没有人会捡，真是不错。

关于你回国一年的事情，今天已经和济之仔细商量。他说可采掘的地方是多极了。但是时局不靖，几乎寸步难行，不敢保今年秋间能否一定有机会出去。即如山西这个地方，本来可继续采掘，但几个月后变迁如何，谁也不敢说。还有一层采掘如开矿一样，也许失败，白费几个月工夫，毫无所得。你老远跑回来或者会令你失望。但是有一样，现在所掘得七十六箱东西整理研究便须莫大的工作，你回来后看时局如何（还有安迪生所掘得的有一部分放在地质调查所中也要整理），若可以出去，他便约你结伴，若不能出去，你便在清华帮他整理研究，两者任居其一也，断不致白费这一年光阴云云，你的意思如何？据我看是很好的，回来后若不能出去，除在清华做这种工作外，我还可以介绍你去请教几位金石家，把中国考古学的常识弄丰富一点。再往美两年，往欧一两年，一定益处更多。城里头几个博物院你除看过武英殿外，故宫博物院、历史博物馆都是新近成立或发展的，回来实地研究所益亦多。

关于美国团体出资或薪水这一点，我和济之商量，不提为是。因为这回和他们订的条件是他们出钱我们出力。东西却是全归我们所有。所以这两次出去一切费用由他们担任，惟济之及袁复礼却是领学校薪俸，不是他们的雇佣，将来我们利用他这个机关的日子正长，犯不着贬低身份，受他薪水，别人且然，何况你是我的孩子呢？只要你决定回来，这点来往盘费，家里还拿得出，我等你回信便立刻汇去。

至于回来后，若出去便用他的费用，若在清华便在家里吃饭，更不成问题了。

我们散会已经十一点钟。这封信第二页以下都是点洋蜡写的，因为极高兴，写完了才睡觉，别的事都改日再说罢。济之说要直接和你通信，已经把你的信封要去，想不日也到。

爹爹　民国十六年一月十日

给孩子们书

1927 年 1 月 18 日—26 日

思顺十二月十八、思永十二月十二的信（内夹思成十二月十日给思顺的信），昨天同时到，思成、思庄的信也是前几天到的（思忠信亦到了不久），像已经复过了。

二五附加税实行后，每年定拨使馆经费二百万元，若军阀们果真不提用（据说如此，只怕靠不住），那么思顺稍得救济（大概将使馆大加裁减后二百万勉强够敷衍），但事实如何变迁，谁也不敢说，只好再看罢。

前几天替思顺垫出三个月留支七百五十元寄去，想已收。今日叫银行再汇美金五百元（已去买汇票，两三天内寄），给思庄本学期学费，成、永们要零用，就随时分些去。过三几个月再寄些来便是。

我游美之举，朋友们反对的太多，而且游费也不容易，只怕未必能成行。

思永回国一年，我极赞成，前信已详细说过。现在思成离开彭大，又发生回国与否的问题。这问题要分两点讨论。第一是回来后于学业进益有无帮助，若为看中国旧建筑起见，恐怕除了北京外，很少地方可以通行，若为看些中国美术品倒还可以（故宫博物馆可看的较多），若欲做什么工程，怕不是时候，我也不愿你如此速成，谅来你更是不愿的。第二是徽音回来与否的问题，这话我连两信都曾提起，就怕是回不了福州，他心里更难过，这件事请你们细细斟酌罢。若不回来，为什么不径转学校，要做一年工干什么呢？一若有别种理由便再商量，若专为学费问题——为徽音学费问题，那么我本来预备三千元在这里，因为你们勉强支持得住，故留起作留欧之用，若要用时，只要来信我便寄去。

思永来信所讲的政治谭，这种心理无怪其然，连我都如此，何况你们青年呢？打倒万恶的军阀，不能不算他们的功劳，我们想做而做不到，人家做了当然赞成，但前途有光明没有呢？还是绝对的没有。他们最糟的是鼓动工潮，将社会上最坏的地痞流氓一翻，翻过来做政治上的支配者，安分守己的工人们的饭碗都被那些不做工的流氓打烂了，商业更不用说，现在汉口、武昌的商店，几乎全部倒闭。失业工人骤增数万，而所谓总工会者每月抽勒十余万元供宣传费（养党人），有业工人之怨恨日增一日，一般商民更不用说了。从前在广东出发的军队，纪律的确不坏（也因为有钱），现在收编烂军队，日日增加，纪律已大不如前。军队既增，欠饷之弊一如北军，江西、福建骚扰与北军无异（两湖有唐主智的较好），将来真不知何法收拾。所谓人心云者，从前厌恶北军已极，故不期而然的都欢迎党军，恐怕这种心理不久将起大反勿。换一个方面看，北方有力的军阀并没有一毫觉悟（原不能望他们有觉悟），他们的举动只有增加民众的厌恶和反动。（以上是一月十八日晚写的。）这一段还未写完，电灯灭了便睡去。十九日一起来就进城，因为清华已经放寒假，可以不上堂，而司法储才馆正在开学，事情很忙，所以我在城里一住数日，直到二十五日才回校。王姨也是十九日带着老白鼻等返天津，今天早车带着达达回京，下午同返学校，司马懿、六六再过三天才放假。二十五日晚写。

我一个礼拜没有回学校，昨天回来，学生围绕着，忙个不了，还有好几篇文章等着要做，这封信不赶紧写完，恐怕又要耽搁多少天才能发了，所以抽空再写几句寄去。

思永问我的朋友何故多站在孙传芳那边？这话很难说。内中关系最重要者，是丁在君、蒋百里二人，他们与孙的关系都在一年以前，当时并没有孙、蒋对抗的局面。孙在北洋军阀中总算比较的好，江浙地方政象亦总算比较的清明，他们与孙合作并不算无理由，既已与人发生关系，到吃紧时候舍之而去，是不作兴的。直到最近两个月，孙倒行逆施，到天津勾结二张，和丁、蒋等意见大相反，他们方能老老实实地和他脱离关系。中间这一段诚然是万分不值（既有今日，何必当初），然在一年前他们的梦想原亦很难怪。故丁在君刻意欲在上海办一较良的市政，以渐进手段收回租界。至于我呢？原来不甚赞成他们这类活动（近数月来屡次劝他们自拔），但我们没有团体的严整组织，朋友们总是自由活动，各行其是，亦没有法子去部勒他们（也从未作此想），别人看见我们的朋友关系，便认为党派关系，把个人行动认为党派行动，既无从辩白，抑亦不欲辩白。我之代人受过，总是免不了的（亦自甘心），但因此颇感觉没有团体组织之苦痛，朋友中有能力的人确不少，道德学问和宗旨都是对的，但没有团体的一致行动，不惟不能发挥其势力，而且往往因不一致之故，取消势力，真是可痛。

万恶的军阀，离末日不远了，不复成多大的问题；而党人之不能把政治弄好，也是看得见的。若我们稳健派不拿起积极精神往前干，非惟对不起国家，抑亦自己更无立足地了。

我看现在国内各党派中惟有“国家主义青年团”一派最有希望，近来我颇和他们为交谊的接洽。但其中主张亦不一致，内中有一派主张意大利莫索里尼式者，结果还是一党专制，还是剥夺人的自由，我们绝对的不能赞成。但这一派人最有朝气，最能奋斗，将来希望他们能稍折衷以归于中庸，才有合作余地。

政谈姑止于此。

我现在所担任的事业，要以北方时局比较的安宁为前提，若变动剧烈，当然一切拉倒。但现在责任所在，只能在职一天便努力一天，现在也把大概情形告诉你们。

司法储才馆已经开学了，余樾园任学长（本来是林宰平，宰平谓治事之才彼不如樾园，故让之），等于副馆长。学生二百二十余人，青年居多，尚可造就，但英文程度太低，而本馆为收回法权预备起见，特注重此点。现在经甄别后特设英文专班，能及格者恕不满五十人，此为令我最失望之一端。我自己每星期六下午担任一堂功课，题目为人生哲学。此外每星期五六两日，各有两点钟为接见学生时期，我的时间费在此馆者大约如此。馆内会计庶务等由你二叔总管，万分放心（会计一切公开，将来可为各机关模范）。内中最奇怪者黑二爷，十分得力，薪水已加至四十元了，在他真是喜出望外。

国立京师图书馆经费，俟二五附加税实行后，当可确定且扩充。现在我要做的事，在编两部书：一是《中国图书大辞典》，预备一年成功；二是《中国图书索引》，预备五年成功。两书成后，读中国书真大大方便了。关于编这两部书，我要放许多心血在里头才能成，尤其是头一年训练出能编纂的人才，非我亲自出马不可。

现在清华每日工作不轻，又加以燕大，再添上这两件事，真够忙了，但我兴致勃勃，不觉其劳。

通例上年纪的人，睡眠较少，我却是相反，现在每日总要酣睡八个钟头，睡足了便精神焕发。思成说对于我的体子有绝对信仰，我想这种信仰是不会打破的。

我昨日亲自到照相馆去照相，专为寄给你们之用。大约一礼拜后便可寄出，你们看了，一定很安慰，很高兴。

今日王姨带达达往协和割痔疮去，剩我和老白鼻看家。细婆喜欢小老白鼻极了，我还是不大理会他，专一喜欢大老白鼻。

民国十六年一月二十六日

给孩子们书

1927 年 1 月 27 日

孩子们：

昨天正寄去一封长信，今日又接到（内夹成、永信）思顺十二月二十七日、思忠二十二日信。前几天正叫银行待金价稍落时汇五百金去，至今未汇出，得信后立刻叫电汇，大概总赶得上交学费了。

寄留支事已汇去三个月的七百五十元，想早已收到。

调新加坡事倒可以商量，等我打听情形再说罢。调智利事幸亏没有办到，不然才到任便裁缺，那才狼狈呢！大抵凡关于个人利害的事只是“随缘”最好。若勉强倒会出岔子，希哲调新加坡时，若不强留那一年，或者现在还在新加坡任上，也未可知。这种虽是过去的事，然而经一事长一智，正可作为龟鉴。所以我也不想多替你们强求。若这回二五附加税项下使馆经费能够有着落，便在冷僻地方——人所不争的多蹲一两年也未始不好。

顺儿着急和愁闷是不对的，到没有办法时一卷起铺盖回国，现已打定这个主意，便可心安理得，凡着急愁闷无济于事者，便值不得急它愁它，我向来对于个人境遇都是如此看法。顺儿受我教育多年，何故临事反不得力，可见得是平日学问没有到家。你小时候虽然也跟着爹妈吃过点苦，但太小了，全然不懂。及到长大以来，境遇未免太顺了。现在处这种困难境遇正是磨练身心最好机会，在你全生涯中不容易碰着的，你要多谢上帝玉成的厚意，在这个当口儿做到“不改其乐”的工夫才不愧为爹爹最心爱的孩子哩。

……

忠忠的信很可爱，说的话很有见地，我在今日若还不理会政治，实在对不起国家，对不起自己的良心。不过出面打起旗帜，时机还早，只有秘密预备，便是我现在担任这些事业，也靠着他可以多养活几个人才。内中固然有亲戚故旧，勉强招呼不以人才为标准者。近来多在学校演说，多接见学生，也是如此——虽然你娘娘为我的身子天天唠叨我，我还是要这样干。中国病太深了，症候天天变，每变一症，病深一度，将来能否在我们手上救活转来，真不敢说。但国家生命民族生命总是永久的（比个人长的），我们总是做我们责任内的事，成效如何，自己能否看见，都不必管。

庄庄很乖，你的法文居然赶过四哥了，将来我还要看你的历史学等赶过三哥呢。

思永的字真难认识，我每看你的信，都很费神，你将来回国跟着我，非逼着你写一年九宫格不可。

达达昨日入协和，明日才开刀，大概要在协和过年了。我拟带着司马懿、六六们在清华过年（先令他们向你妈妈相片拜年），元旦日才入城，向祖宗拜年，过年后打算去汤山住一礼拜，因为近日太劳碌了，寒假后开学恐更甚。

每天老白鼻总来搅局几次，是我最好的休息机会。（他又来了，又要写信给亲家了。）我游美的事你们意见如何，我现在仍是无可无不可，朋友们却反对得厉害。

爹爹　一月二十七日　旧历十二月二十四日

致思顺书

1927 年 1 月 30 日

顺儿：

这一礼拜内写信真多，若是同一水船到，总要够你们忙好几点钟才看完。昨天下午才返清华，今日又有事入城，可巧张之事上午来南长街，没有见着他，过了新年定要找他谈谈，打听你们的状况。

我昨天才给老白鼻买了许多灯来，已经把他跳得个不亦乐乎。今日把你带来的皮包打开，先给他穿上那套白羊毛的连衫带裤带袜子，添上手套，变成一个白狗熊。可惜前几天大雪刚下过——一连下了四天，民国以来没有之大雪，现在还未化尽——不然叫他在雪里站着真好玩极了，穿了一会儿脱下换上那套浅蓝的，再披上昨年寄他的外套，他舍不得脱，现在十点钟了还不肯去睡，可巧前二天刚带他照过一幅相，等过了新年再叫他穿齐照一幅，你们看着才知道他如何可爱呢。

谢谢希哲送我的东西真合用，我也学老白鼻样子立刻试用起来了。细婆的提包等年初一带进城去，只怕把他老人家的嘴也笑得整天合不拢来。细婆近两三个月哀痛渐忘，终日很快乐样子，令我们十分高兴。他老人家喜欢小同同[1]极了，尤其稀罕的是他一天到晚不哭一声。

我三日前亲自去照相馆，照得幅相，现在只将样本拿来，先寄你和庄庄各一张——成、永、忠处过几天直接分寄——你们看着一定欢喜得连觉也睡不着，说道："想不到爹爹这样胖，这样精神！"

达达现在关在协和医院，原来他的病不是痔乃是漏，幸亏早医，

---

[1] 小同同：梁启超最小的儿子，又被称为小白鼻。

不然将来身子将大吃亏，一定会残废夭折，好在还很轻，他前天割了，只用局部麻醉，一点不觉痛。一个礼拜便可出院了。却是他种种计划说：新年如何如何地玩。现在不能不有点失望了。

六六的喉咙本来也要同时割，因为他放学迟，只好过年再说。

我前天看见刘瑞恒，他说已经把我的诊断书寄给你了，收到没有？但现在已经过时，谅来你也不着急了。

麦机路的汉文科，如此规模宏大真可惊羡，张君劢去当教授，当然最好，也许可以去待我和他商量，研究院学生中却也有一两位可充此职，等下次信再详细说罢。

昨天电汇去五百美金想已收到。暑假时庄庄去美国，是我最喜欢的，只管打定主意罢。庄庄今年尚须用多少钱（除这五百金外），我等你信就寄来。

这几天学堂放假，我正在极力玩耍，得你的信助我不少兴致。

爹爹　民国十六年一月三十日

致孩子们书

1927 年 2 月 6 日—16 日

孩子们：

旧历年前写了好几封信，新年入城玩了几天，今天回清华，猜着该有你们的信。果然，思成一月二日、思永一月六日、忠忠十二月三十一日的信同时到了——思顺和庄庄的是一个礼拜前已到，已回过了。

我讲个笑话给你们听，达达入协和受手术，医生本来说过，要一礼拜后方能出院，看着要在协和过年了，谁知我们年初一入城，他已经在南长街大门等着。原来医院也许病人请假，医生也被他磨不过放他出来一天，到七点钟仍旧要回去，到年初三他真正出院了，现已回到清华，玩得极起劲。他的病却不轻，医生说割的正好，太早怕伤身子，太迟病日深更难治。这样一来，此后他身体的发育（连智慧也有影响）可以有特别的进步，真好极了。

我从今天起，每天教达达，思懿国文一篇，目的还不在于教他们，乃是因阿时寒假后要到南开当先生了，我实在有点不放心。所以借他们来教他的教授法，却是已经把达达们高兴到了不得了。

以上二月六日写

前信未写完，昨天又接到思顺一月四日、八日两信，庄庄一月四日信，趁现在空闲，一总回信多谈些罢。

庄庄功课样样及格，而且副校长很夸奖他，我听见真高兴，就是你姊姊快要离开加拿大，我有点舍不得，你独自一人在那边，好在你已成了大孩子了，我一切都放心，你去年的钱用得很省俭，也足见你十分谨慎。

但是我不愿意你们太过刻苦，你们既已都是很规矩的孩子，不会乱花钱，那么便不必太苦，反变成寒酸。你赶紧把你预算开来罢！一切不妨预备松动些，暑假中到美国旅行和哥哥们会面是必要的。你总把这笔费开在里头便是，年前汇了五百金去，尚缺多少？我接到信立刻便汇去。

张君劢愿意就你们学校的教职，我已经有电给姊姊了，他大概暑期前准到。他的夫人是你们世姊妹，姊姊走了，他来也，和自己姊姊差不多。这是我替庄庄高兴的事。却是你要做衣服以及要什么东西赶紧写信来，我托他多多的给你带去。

思顺调新加坡的事，我明天进城便立刻和顾少川说去，若现任人没有什么特别要留的理由，大概可望成功吧，成与不成，此信到时当已揭晓了。使馆经费仍不见靠得住，因为二五附加税问题很复杂，恐怕政府未必能有钱到手。你们能够调任一两年，弥补亏空，未尝不好。至于调任后有无风波，谁也不敢说，只好再看罢。

以上二月十日写

前信未写完便进城去，在城住了三天，十四晚才回清华，顾少川已见着了。调任事恐难成。据顾说现在各方面请托求此缺者，已三十人，只好以不动为搪塞，且每调动一人必有数人牵连着要动，单是川资一项已无法应付，只得暂行一概不动云云。升智利事亦曾谈到，倒可以想法，但我却不甚热心此着。因为使馆经费有着，则留坎亦未尝不可行，如无着则赔累恐更甚，何必多此一举呢？附加税问题十天半月内总可以告一段落，姑且看一看再说罢。

少川另说出一种无聊的救济办法，谓现在各使馆有向外国银行要求借垫而外交部予以担保承认者，其借垫额为薪俸与公费之各半数，手续则各使馆自行与银行办妥交涉，致电（或函）请外交部承诺，不知希哲与汇丰、麦加利两银行有交情否，若有相当交情，不妨试一试。

以上二月十五日写

（这几张可由思成保存，但仍须各人传观，因为教训的话于你们都有益的。）

思成和思永同走一条路，将来互得联络观摩之益，真是最好没有了。思成来信问有用无用之别，这个问题很容易解答，试问唐开元、天宝间李白、杜甫与姚崇、宋璟比较，其贡献于国家者孰多？为中国文化史及全人类文化史起见，姚、宋之有无，算不得什么事，若没有了李、杜，试问历史减色多少呢？我也并不是要人人都做李、杜，不做姚、宋，要之，要各人自审其性之所近何如，人人发挥其个性之特长，以靖献于社会，人才经济莫过于此。思成所当自策厉者，惧不能为我国美术界做李、杜耳。如其能之，则开元、天宝间时局之小小安危，算什么呢？你还是保持这两三年来的态度，埋头埋脑做去了。

便对你觉得自己天才不能负你的理想，又觉得这几年专做呆板工夫，生怕会变成画匠。你有这种感觉，便是你的学问在这时期内将发生进步的特征，我听见倒喜欢极了。孟子说："能与人规矩，不能使人巧。"凡学校所教与所学总不外规矩方面的事，若巧则要离了学校方能发见。规矩不过求巧的一种工具，然而终不能不以此为教，以此为学者，正以能巧之人，习熟规矩后，乃愈益其巧耳。不能巧者，依着规矩可以无大过。你的天才到底怎么样，我想你自己现在也未能测定，因为终日在师长指定的范围与条件内用功，还没有自由发掘自己性灵的余地。况且凡一位大文学家、大美术家之成就，常常还要许多环境与及附带学问的帮助。中国先辈说要"读万卷书，行万里路"。你两三年来蛰居于一个学校的图案室之小天地中，许多潜伏的机能如何便会发育出来，即如此次你到波士顿一趟，便发生许多刺激，区区波士顿算得什么，比起欧洲来真是"河伯"之与"海若"，若和自然界的崇高伟丽之美相比，那更不及万分之一了。然而令你触发者已经如此，将来你学成之后，常常找机会转变自己的环境，扩大自己的眼界和胸怀，到那时候或者天才会爆发出来，今尚非其时也。今在学校中只有把应学的规矩，尽量学足，不惟如此，将来到欧洲回中国，所有未学的规矩也还须补学，这种工作乃为一生历程所必须经过的，而且有天才的人绝不会因此而阻抑他的天才，你千万别要对此而生厌倦，一厌倦即退步矣。至于将来能否大成，大成到怎么程度，当然还是以天才为之分限。我生平最服膺曾文正两句话：“莫问收获，但问耕耘。”将来成就如何，现在想他则甚？着急他则甚？一面不可骄盈自慢，一面又不可怯弱自馁，尽自己能力做去，做到哪里是哪里，如此则可以无入而不自得，而于社会亦总有多少贡献。我一生学问得力专在此一点，我盼望你们都能应用我这点精神。

思永回来一年的话怎么样？主意有变更没有？刚才李济之来说，前次你所希望的已经和毕士卜谈过，他很高兴，已经有信去波士顿博物院，一位先生名罗治者和你接洽，你见面后所谈如何可即回信告我。现在又有一帮瑞典考古学家要大举往新疆发掘了，你将来学成归国，机会多着呢！

忠忠会自己格外用功，而且埋头埋脑不管别的事，好极了。姊姊、哥哥们都有信来夸你，我和你娘娘都极喜欢，西点事三日前已经请曹校长再发一电给施公使，未知如何，只得尽了人事后听其自然。你既走军事和政治那条路，团体的联络是少不得的，但也不必忙，在求学时期内暂且不以此分心也是好的。

旧历新年期内，我着实顽了几天，许久没有打牌了，这次一连打了三天也很觉有兴，本来想去汤山，因达达受手术，他娘娘离不开也，没有去成。

昨日清华已经开学了，自此以后我更忙个不了，但精神健旺，一点不觉得疲倦。虽然每遇过劳时，小便便带赤化。但既与健康无关，绝对的不管它便是了。

阿时已到南开教书。北院一号只有我和王姨带着两个白鼻住着，清静得很。

相片分寄你们都收到没有？还有第二次照的呢！过几天再寄。

爹爹　二月十六日

思成信上讲钟某的事，很奇怪。现在尚想不着门路去访查，若能得之，则图书馆定当想法购取也。

Lodge，此人为美国参议院前外交委员长之子，现任波士顿博物院采集部长。关于考大学事，拟与思永有所接洽。毕士卜已有信致彼，思永或可在往访之。

致孩子们书

1927 年 2 月 23 日

孩子们：

我猜着你们今天会有贺寿电，果然到了，然而生日到底没有在今天举行，因为今日是星期三，学校里有讲课，而旧历正月二十六恰是星期日，全家人都主张还是那天在城里热闹一下，我也只得从众了。你们贺电到时，我叫老白鼻代表姊姊、哥哥们拜寿，他一连磕了几十个响头，声明这是替亲家的，替二哥三哥乃至六姊的，我都深受你们了。

老白鼻好顽极了，最爱读书，最爱听故事，听完了就和老郭讲去，近来又加上和他的小弟弟讲，我书房里有客便不进来，有学生便进来，他分别得出哪些人是客，哪些是学生。学生来谈话时他便站在旁边听，一声也不言语，可以听到半点钟之久。他保护他的小弟弟比什么人都亲切，有时要灌小弟弟泻油，他先自哗地哭起来了。那小的却嗳嗳有声。

小白鼻也还好顽，各人都喜欢他极了，放年假时达达们回来起他一个绰号叫做李太白，说他长得太白了（其实他的脸也红得像两个苹果）。他真乖，从来没有哭过，他娘娘晚上因为他累得不能睡，常常成天价进城，把他放在家里。但我到底没有什么特别喜欢他，直到今日还没有抱过一回哩！我想他若是个女孩子，也许我便格外爱他。

今日我格外地忙，下午讲了两个钟头，晚上又讲了两个半钟头，现在也有点疲倦了，下次再谈吧。

爹爹　二月二十三日

给孩子们书

1927 年 2 月 28 日

今年还是过旧历的生日，在城里热闹一两天，今日（旧正月二十七）才回到清华。却是这两天有点小小的不幸，小白鼻病得甚危险，这全然为日本医生所误。小白鼻种痘后有点着凉不舒服，已经几天了，二十五日早上同仁医院医生看过，还说绝不要紧。许是吃的药错了，早上还好好的。到晚上十一点钟时病转剧，电召克礼来，已说太迟了，恐怕保不住，连夜由王姨带去医院住，打了无数的药针来“争命”，能否争得回来，尚不可知（但今天已比前天好得多了）。因此生日那天，王姨整天不在，家里人都有些着急不欢样子，细婆最甚，因为他特别喜欢小白鼻。今日王姨也未回清华，倘若有救，怕王姨还要在城里住一两礼拜才行哩。

我在百忙中还打了两天牌，十四五舅姑丈们在一块玩儿很有趣，但我许没有吃酒，近一年来我的酒真算戒绝了，看着人吃，并不垂涎。

过两天细婆、二婶、大姑们要请我吃乡下菜，各人亲自下厨房，每人做两样，绝对不许厨子动手，菜单已开好出来了，真有趣。本来预备今日做，一因我在学校有功课，定要回来；二因王姨没有心神，已改到星期五了（今日是星期一），只有那时小白鼻病好，便更热闹了。

回来接着思顺一月二十六、忠忠一月十九的信和庄庄一月十一日给阿时的信，知道压岁钱已收到了，前几个月我记得有过些时候因功课太忙，许久没有信给你们（难怪你们记挂），最近一两个月来信却像是很多，谅来早已放心了。总之，我体子是好极了，近来精神尤为旺盛，倘使偶然去信少些，也不过是因为忙的缘故，你们万不可以相猜。

使领经费有无着落，还要看一个月方能定，前信说向外国银行借垫，由外交部承认的办法，希哲可以办到不？目前除此恐无他法。

君劢可以就坎大学之聘，我曾有电报告，并问两事：一问所授科目（君劢意欲授中国哲学）；二问有中国书籍没有，若没有请汇万元来买（华银）。该电发去半月以上了，我还把回电的（十个字）电费都付过，至今尚未得回电，不知何故。

忠忠信上说的话很对，我断不至于在这个当口儿出来做什么政治活动，亲戚朋友们也并没有哪个怂恿我，你们可以大大放心，但中国现在政治前途像我这样一个人绝对的消极旁观，总不是一回事，非独良心所不许，事势亦不容如此。我已经立定主意，于最近期间内发表我政治上全部的具体主张，现在先在清华讲堂上讲起，分经济制度问题、政治组织问题、社会组织问题、教育问题四项。每礼拜一晚在旧礼堂讲演，已经讲过两回，今日赶回学校，也专为此。以这两回听讲情形而论，像还很好。第二次比前一次听众增加，内中国民党员乃至共产党员听了。研究院便有共产党二人，国民党七八人，像都首肯。现在同学颇有人想自组织一精神最紧密之团体（周传儒、方壮猷等），一面讲学，一面做政治运动，我只好听他们做去再看。我想忠忠听着这话最高兴了。

庄庄给时姊的信（时姊去南开教书了），娘娘看见了很高兴。娘娘最记挂的是你，我前些日子和他说笑话，你们学校要请我教书，我愿意带着他和老白鼻们去，把达达们放在家里怎么样？他说很愿意去一年看看你，却是老郭听着着急到了不得，因为舍不得离开老白鼻，真是好笑。

从讲堂下来，不想用心，胡乱和你们谈几句天，便睡觉去了。

民国十六年二月二十八日

给孩子们书

1927 年 3 月 9 日

孩子们：

有件小小不幸事情报告你们，那小同同已经死了。他的病是肺炎，在医院住了六天，死得像很辛苦很可怜。这是近一个月来京津间的流行病，听说因这病死的小孩，每天总有好几个，初起时不甚觉得重大，稍迟已无救了。同同大概被清华医生耽搁了三天，一起病已吃药，但并不对症。克礼来看时已是不行了。我倒没有什么伤感，他娘娘在医院中连着五天五夜，几乎完全没有睡觉，辛苦憔悴极了。还好他还能达观，过两天身体以及心境都完全恢复了，你们不必担心。

当小同同病重时，老白鼻也犯同样的病，当时他在清华，他娘在城里，幸亏发现得早立刻去医，也在德国医院住了四天，现在已经出院四天，完全安心了。克礼说若迟两天医也很危险哩。说起来也奇怪，据老郭说，那天晚上他做梦，梦见你们妈妈来骂他道："那小的已经不行了，老白鼻也危险，你还不赶紧抱他去看，走！走！快走，快走！"就这样的把他从睡梦里打起来了。他那天来和我说，没有说做梦，这些梦话是他到京后和王姨说的。老白鼻夜里咳嗽得颇厉害，但是胃口很好，出恭很好，谅来没什么要紧罢，本来因为北京空气不好，南长街孩子太多，不愿意他在那边住，所以把他带回清华。我叫到清华医院看，也说绝不要紧，到底有点不放心，那天我本来要进城，于是把他带去，谁知克礼一看说正是现在流行最危险的病，叫在医院住下。那天晚上小同同便死了。他娘还带着老白鼻住院四天，现在总算安心了。你们都知道，我对于老白鼻非常之爱，倘使他有什么差池，我的刺激却太过了，老郭的梦虽然杳茫，但你妈妈在天之灵常常保护他一群心爱的孩子，也在情理之中，这回把老白鼻救转来是老郭一梦。实也功劳不小哩。

使馆经费看着丝毫办法没有，真替思顺们着急，前信说在外国银行自行借垫，由外交部承认担保，这种办法希哲有方法办到吗？望速进行，若不能办到，恐怕除回国外无别路可走，但回国也很难，不惟没有饭吃，只怕连住的地方都没有。北京因连年兵灾，灾民在城圈里骤增十几万，一旦兵事有变动（看着变动很快，怕不能保半年），没有人维持秩序，恐怕京城里绝对不能住，天津租界也不见安稳得多少，因为洋鬼子的纸老虎已经戳穿，哪里还能靠租界做避世桃源呢。现在武汉一带，中产阶级简直无生存之余地，你们回来又怎么样呢？所以我颇想希哲在外国找一件职业，暂时维持生活，过一两年再作道理，你们想想有职业可找吗？

前信颇主张思永暑期回国，据现在情形还是不来的好，也许我就要亡命出去了。

这信上讲了好些悲观的话，你们别要以为我心境不好，我现在讲学正讲得起劲哩，每星期有五天讲演，其余办的事，也兴会淋漓，我总是抱着“有一天做一天”的主义（不是“得过且过”却是“得做且做”），所以一样的活泼、愉快，谅来你们知道我的性格，不会替我担忧。

爹爹　民国十六年三月九日

给孩子们书

1927年3月10日

昨信未发，今日又得顺儿正月三十一、二月五日、二月九日，永儿二月四日、十日的信，顺便再回几句。

使领经费看来总是没有办法，问少川也回答不出所以然，不问他我们亦知道情形。二五附加税若能归中央支配，当然那每年二百万是有的，但这点钱到手后，丘八先生哪里肯吐出来，现在听说又向旧关税下打主意，五十万若能成功，也可以发两个月，但据我看，是没有希望的。你们不回来，真要饿死，但回来后不能安居，也眼看得见。所以我很希望希哲趁早改行，但改行不是件容易的事，我也很知道，请你们斟酌罢。

藻孙是绝对不会有钱还的，他正在天天饿饭，到处该了无数的账，还有八百块钱是我担保的，也没有方法还起。我看他借贷之路，亦已穷了，真不知他将来如何得了。我现在也不能有什么事情来招呼他，因为我现在所招呼的都不过百元内外的事情，但现在的北京得一百元的现金收入，已经等于从前的五六百元了，所以我招呼的几个人别人已经看着眼红。你二叔在储才馆当很重要的职务，不过百二十元（一天忙得要命），鼎甫在图书馆不过百元，十五舅八十元（算是领干粮不办事），藻孙不愿回北京，他在京也非百元内外可够用，所以我没有法子招呼他，他的前途我看着是很悲惨的，其实哪一个不悲惨，我看许多亲友们一年以后都落到这种境遇。你别要希望他还钱罢。

我从前虽然很愿意思永回国一年，但我现在也不敢主张了，因为也许回来后只做一年的“避难”生涯，那真不值得了。我看暑假后清华也不是现在的局面了，你还是一口气在外国学成之后再说罢。你的信，我过两天只管再和李济之商量一下，但据现在情形，恐怕连他不敢主张了。

思永说我的《中国史》诚然是我对于国人该下一笔大账，我若不把他做成，真是对国民不住，对自己不住。也许最近期间内，因为我在北京不能安居，逼着埋头三两年，专做这种事业，亦未可知，我是无可无不可，随便环境怎么样，都有我的事情做，都可以助长足我的兴会和努力的。

民国十六年三月十日

给孩子们书

1927 年 3 月 21 日

今日正写起一封短信给思顺，尚未发，顺的二月十八、二十两信同时到了，很喜欢。

问外交部要房租的事等，我试问问顾少川有无办法，若得了此款，便能将就住一年倒很好，因为回国后什么地方能安居，很是渺茫。

今日下午消息很紧，恐怕北京的变化意外迅速，朋友多劝我早为避地之计（上海那边如黄炎培及东南大学稳健教授都要逃难），因为暴烈分子定要和我过不去，是显而易见的。更恐北京有变后，京、津交通断绝，那时便欲避不能。我现在正在斟酌中。本来拟在学校放暑假前作一结束，现在怕等不到那时了。

在这种情形之下，思永回国问题当然再无商量之余地，把前议完全打消罢。

再看一两星期怎么样，若风声加紧，我便先回天津；若天津秩序不乱，我也许可以安居，便屏弃百事，专用三两年工夫，作那《中国史》，若并此不能，那时再想方法。总是随遇而安，不必事前干着急。

南方最闹得糟的是两湖，比较好的是浙江。将来北方怕要蹈两湖覆辙，因为穷人太多了，我总感觉着全个北京将有大劫临头，所以思顺们立刻回来的事，也不敢十分主张。但天津之遭劫，总该稍迟而且稍轻，你们回来好在人不多，在津寓或可以勉强安居。

还有一种最可怕的现象——金融界破裂。我想这是免不了的事，很难挨过一年，若到那一天，全国中产阶级真都要饿死了。现在湖南确已到这种田地，试举一个例：蔡松坡家里的人已经饿饭了，现流寓在上海。他们并非有意与蔡松坡为难（他们很优待他家），但买下那几亩田没有人耕，迫着要在外边叫化，别的人更不消说了。

恐怕北方不久也要学湖南榜样。

我本来想凑几个钱汇给思顺，替我存着，预备将来万一之需，但凑也凑不了多少，而且寄往远处，调用不便，现在打算存入（连兴业的透支可凑万元）花旗银行作一两年维持生活之用。

这些话本来不想和你们多讲，但你们大概都有点见识，有点器量，谅来也不致因此而发愁着急，所以也不妨告诉你们。总之，我是挨得苦的人，你们都深知道全国人都在黑暗和艰难的境遇中，我当然也该如此，只有应该比别人加倍，因为我们平常比别人舒服加倍。所以这些事我满不在意，总是老守着我那“得做且做”主义，不惟没有烦恼，而且有时兴会淋漓。

民国十六年三月二十一日

给孩子们书

1927 年 3 月 29 日

这几天上海、南京消息想早已知道了。南京事件真相如何连我也未十分明白（也许你们消息比我还灵通），外人张大其词，虽在所不免，然党军中有一部分人有意捣乱亦绝无可疑。

北京正是满地火药，待时而发，一旦爆裂，也许比南京更惨。希望能暂时弥缝，延到暑假。暑假后大概不能再安居清华了。天津也不稳当，但不如北京之绝地，有变尚可设法避难，现已饬人打扫津屋，随时搬回。司马懿、六六们的培华，恐亦开不成了（中西、南开也是一样）。

现在最令人焦躁者，还不止这些事。老白鼻得病已逾一月，时好时发，今日热度很高，怕成肺炎，我看着很难过。

我十天前去检查身体一次，一切甚好，血压极平稳，心脏及其他都好，惟"赤化"不灭。医生说："没有别的药比节劳更要紧。"近来功课太重，几乎没有一刻能停，若时局有异动，而天津尚能安居，利于养生有益哩。

顾少川说汇点钱给你们，不知曾否汇去，已再催他了。思永回国事，当然罢议。思顺们或者还是回来共尝苦辛罢。

民国十六年三月二十九日

给孩子们书

1927 年 3 月 30 日

老白鼻病厉害极了，昨天早上还是好好的，说笑跳玩，下午忽然发起烧来，夜里到三十九度四，现在证明是由百日咳转到肺炎，很危险，拟立刻送到城里去入协和医院。还不知协和收不收，清华医院正在打电话去问。只望他能脱渡危关，我们诚心求你妈妈默佑他。

我现在心很乱，今日讲课拟暂停了，正在靠临帖来镇定自己。

民国十六年三月三十日

致思顺书

1927 年 4 月 2 日

前三天因老白鼻着急万分，你们看信谅亦惊惶，现在险象已过，大约断不致有意外。现又由协和移入德院，因协和不准亲人在旁，以如此小孩委之看护妇，彼终日啼哭，病终难愈也。北京近两月来死去小孩无数，现二叔家的李妹妹两个又都在危险中，真令人惊心动魄。气候太不正常了，再过三天便是清明，今日仍下雪，寒暑表早晚升降，往往相差二十度，真难得保养也。

我受手术后，刚满一年，因老白鼻入协和之便，我也去住院两日，切实检查一番（今日上午与老白鼻同时出院），据称肾的功能已完全恢复，其他各部分都很好，“赤化”虽未殄灭，于身体完全无伤，不理他便是。他们说惟一的药，只有节劳（克礼亦云然）。此亦老生常谈，我总相当的注意便是。

前得信后，催少川汇款接济，彼回信言即当设法。又再加信催促，嘱彼汇后复我一信，今得信言三月二十七已电汇二千三百元。又王荫泰亦有信来，今一并寄阅。部中大权全在次长手，我和他不相识，所以致少川信问候他，他来信却非常恭敬。此款谅已收到，你们也可以勉强多维持几个月了。

我大约必须亡命，但以现在情形而论，或者可以挨到暑假。本来打算这几天便回天津，现在拟稍迟乃行。

老白鼻平安，真谢天谢地，我很高兴，怕你们因前信担忧，所以赶紧写这封。

民国十六年四月二日

致孩子们书

1927 年 4 月 19 日—20 日

孩子们：

近来因老白鼻的病，足足闹了一个多月，弄得全家心绪不宁，现在好了，出院已四日了。

二叔那边的孪妹妹，到底死去一个，那一个还在危险中。

达达受手术后身体强壮得多，将来智慧也许增长哩。

六六现又入协和割喉咙，明天可以出院了，据医生说道也于智慧发达极有关系，割去后试试看如何。你们姊妹弟兄中六六真是草包，至今还不会看表哩！他和司马懿同在培华，司马连着两回月考都第一，他都是倒数第一，他们的先生都不行，他两个是同怀姊妹。

我近来旧病发得颇厉害，三月底到协和住了两天，细细检查一切如常，但坚嘱节劳，谓舍此别无他药（今将报告书寄阅）。本来近日未免过劳，好在快到暑假了。暑假后北京也未必能住，借此暂离学校，休养一下也未尝不好，在学校总是不能节劳的。清明日我没有去上坟，只有王姨带着司马懿去（达达在天津，老白鼻在医院），细婆和七妹也去。我因为医生说最不可以爬高走路，只好不去。

南海先生忽然在青岛死去，前日我们在京为他而哭，好生伤感。我的祭文，谅来已在《晨报》上见着了。他身后萧条得万分可怜，我得着电报，赶紧电汇几百块钱去，才能草草成殓哩。我打算替希哲送奠敬百元。你们虽穷，但借贷典当，还有法可想。希哲受南海先生提携之恩最早，总应该尽一点心，谅来你们一定同意。

四月十九写

近来时局越闹得一塌糊涂，谅来你们在外国报纸上早看见了。有许多情形，想告诉你们，今日太忙，先把这信寄了再说罢。

爹爹　四月二十日

六六今日下午已经出院了。王姨今日回天津去料理那些家事。

第二次所寄相片想收到了，司马懿、六六、老白鼻合照的那一张好顽吗？……现在大概可苟安三几个月，我决意到放暑假才出京去，要说的话真太多，下次再写罢。

致梁思永书

1927 年 4 月 21 日

永儿：

前两封信叫你不必回来，现在又要叫你回来了。因为瑞典学者斯温哈丁[1]——他在中亚细亚、西藏等地过了三十多年冒险生涯，谅来你也闻他名罢——组织一个团体往新疆考古，有十几位欧洲学者和学生同去，到中国已三个多月了。初时中国人反对他、抵制他——十几个学术团体曾联合发表宣言，清华研究院、国立图书馆也列名。但我自始即不主张这种极端排外举动——直到最近才决定和他合作，彼此契约。今天或明天可以签字了，中国方面有十人去——五位算是学者，余五位是学生，其中自然科学方面只有清华所派的一位教授（袁复礼，他和李济之同去山西，我们研究院担任他这回旅行的经费，不用北京学术团体的钱）。

去的人我是大大不满意的——我想为你的学问计，这是千载难逢的机会，若错过了，以后想自己跑新疆沙漠一趟，千难万难。因此要求把你加入去，自备资斧——因为犯不着和那些北京团体分这点钱（钱少得可怜）——今日正派人去和哈丁接洽，明后日可以回信，大约十有八九可望成功的。他们的计划：时间一年半到两年，研究范围本来是考古学、地质学、气象学三门。后来因为反对他们拿古物出境，结

[1] 斯温哈丁：今译斯文·赫定（1865—1952），是瑞典籍的世界著名探险家，他从十六岁开始，从事他终身以之无怨无悔的职业探险生涯。曾多次到中亚和中国新疆等地探险，著有《从北京到莫斯科》《丝绸之路》等。

果考古学变成附庸，由中国人办，他们立于补助地位——能否成功就要看袁君和你的努力了（其他的人都怕够不上）——我想你这回去能够有大发现固属莫大之幸，即不然，跟着欧洲著名学者作一度冒险吃苦的旅行，学得许多科学的研究方法，也是于终身学问有大益的。所以我不肯把机会放过，要求将你加入。他们预定一个月内（大约须一个月后）便动身，你是没有法子赶得上同行了。但他们沿途尚有逗留，你从后面赶上去。就令赶不上第一站（迪化[1]），总可以赶得上第二站（哈密）——不同行当然是很麻烦的，但在迪化或哈密以东，我总可以托沿途地方官照料你——我明天入城和哈丁交涉妥洽，把路线日期计算清楚之后，也许由清华发电给监督处及哈佛校长，要求把你提前放假。果尔，则此信到时，你或者已经动身了。若此信到时还未接有电报，那么或是事情有变动，或是可以等到放暑假才回来还赶得上，总之，你接到这封信时便赶紧预备罢！

我第二封信跟着就要来的（最多三天后），你若能成行——无论提前放假或暑假时来——大约到家只能住一两天便须立刻赶路。我和他们打听清楚，该预备什么东西，一切替你预备齐全，你回来除见见我和你娘娘及一二长辈，及上一上坟之外，恐怕一点不能耽搁了。我想你一定赞成我所替你决定的计划，而且很高兴吧！别的话下次再说。

爹爹　四月二十一日

这封信本来想直寄给你，因为怕电报先到，你已动身，故仍由姊姊交转。

[1] 迪化：今乌鲁木齐。

致梁思永书

1927年4月25日

永儿：

今日接你三月二十九日信。那两幅画你竟如此喜欢，很有点诧异，你喜欢送人随便拿去送便是。昨天有一长信，寄给你姊姊那里转（说叫你去新疆作冒险考古的事业），想已收到。今日我和李济之、袁复礼两君商量，结果已经决定，不发电报叫你提前放假了，却是还主张你暑假回国，理由略述如下：

新疆之行并没有打消，但无论如何你到底赶不上和大帮人同行，既赶不上，那么一个人赶路却困难极了，我要过几天和斯温哈丁切实研究一番，到底可不可能。因为那边道路不安全，恐怕单独一人是绝对行不得的（要和盗贼、猛兽及气候作战）。

假使勉强可行，我还是愿意你冒险前去。但是也不必提前放假，因为他们在迪化很有耽搁，大概本年十月还在迪化（若赶得上同行，当然提前放假最好，但无论如何总赶不上，故不争一两个月）。你便放暑假回来——若还可以的话——尽可以在十月前赶到迪化。

假使新疆不能去，你还是照三个月以前原定计划回来便是了，决不会白费你一年光阴。我中间有两封信，叫你中止回来的计划。因为时局剧变，怕下半年我不能住北京，连清华也有变动，怕你回来扑一个空。但据现在情形，北京也许有年把可以苟安——我下半年再来清华与否却未定，这事另信再谈——而李济之再到山西采掘的计划亦已大略决定（总算决定了，因为经费所需不多，已有着落）。你本来的意思，不外想到外边采掘，回来时若能到新疆固好，不然即山西亦何尝不好呢！

所以我还是主张你照依最初计划，一放暑假便立刻起程回来。

你若想买些东西需钱用时，问姊姊在庄庄学费内挪用些，便是我不久当再汇点钱到姊姊那里去。

这封信若到在前两天所寄那封之前，你看着一定莫名其妙。但不久你姊姊就会把前信寄到了。

你来信所讲的中国时局，大半是隔靴搔痒，不知真相，我过几天再写一封长信告诉你们。

爹爹　四月二十五日

你娘娘回天津去一个礼拜了，明天当回京，老白鼻的病全好了。

致梁思永书

1927 年 4 月 27 日

永儿：

这是第三封信，我很不愿意写的。因为要报告你的失望消息。

我今天会着斯温哈丁了。他极高兴得你做同伴，然而事实上绝对办不到，因为他们三个礼拜内就动身了。你无论如何赶不上同行，然而单独行断断乎不可，从包头（京绥路终点）到哈密约摸要骑三个月骆驼。那条路大概自玄奘以后没有单人独马走过的，这回这个冒险队，中外人连夫役合共六十一人，带机关枪一架，手枪二十多枝，饶是这样还要和那边的马贼疏通好，花了不少的保镖钱才能成行，你一人赶上去万万来不得的。哈丁说盼望你从西伯利亚铁路赶到迪化去。但这事谈何容易。无论钱要花得很多，而且中俄邦交已断，在俄国找护照也找不出，这事完全绝望了。令我白高兴几天（若早两个月发动，当然是赶得上，但这并不是我怠慢，因为我们和哈丁的协定，昨天才签字，我在签字前五天已经打主意了。所以我并没有一点可懊悔处），其实难怪，本来第一封信原是我一厢情愿的话，完全没有把实际情形研究清楚，你前后几天工夫连接我三封信，前头所讲的话立刻取消，你们谅也觉得好笑。不过，这也算是我替你们学问前途打算的一段历史！我这几天的热心计划和奔走，我希望在你将来学问的生涯中也得有相当的好印象。

这回失望并不必灰心，因为我和哈丁谈话的结果又得了新希望，他们这回大举旅行，我探问他的费用，也不过预备三十万元便够两年。这点钱我们中国也不至拿不出来。这回我们加入那团体，原旨为带一点监督的意思——怕他们把古物偷运出境——也带有跟着学习的意思。所以我和袁复礼说情，他将这回作为我们独立探险考古的预备，细细留意哪些地方可以采掘，而且学得些经验（采掘和旅行两种经验），预备第二次自己来，那时你或者够上当一员发起人，也未可知哩！

这事既不成，李济之却是还盼望你回来和他合作。据他说，山西的希望也许比新疆还大，他这回所以不肯加入哈丁团体（本来我们清华要派他的），就因为舍不得山西。他说，无论如何今年总要出去。打算七月底就到山西，在那边等着你，所以我还是愿意你回来的，来不来请你斟酌罢。若回来要钱用，可问姊姊要。现已不赶新疆的路，那么虽回来也不必赶忙了，还是卒业后从从容容、摇摇摆摆回来就是。我在北戴河等着你。

爹爹　四月二十七日

致思顺书

1927 年 5 月 4 日

顺儿：

我有封长信给你们（内关于忠忠想回国的事），写了好几天，还没有完，现在有别的事，先告诉你。

现在因为国内太不安宁，大有国民破产的景象，真怕过一两年，连我这样大年纪也要饿饭，所以我把所有的现钱凑五千美金汇存你那里，请你们夫妇替我经理着，生一点利息，最好能靠这点利息供给庄庄们的学费，本钱便留着作他日不时之需。你去年来信不是说那边一分利以上事业，还很有机会吗？请你们全权替我经营，虽亏本也不要紧，凡生意总不能说一定有盈无亏，总之，我全权托你们就是。过一两月若能将所有股票之类卖些出去，我还想凑足美金一万元哩。你说好不好。

你们外交官运气也真坏，外交部好容易凑得七万五千美金，向使领馆稍为点缀点缀，被汇丰银行中国账房倒账，只怕连这点都落空了。

其余改天再谈。五千美金有一千由北京通易公司汇，有四千由天津兴业汇，想不久当陆续汇到。

民国十六年五月四日

致孩子们书

1927 年 5 月 5 日

孩子们：

这个礼拜寄了一封公信，又另外两封（内一封由坎转）寄思永，一封寄思忠，都是商量他们回国的事，想都收到了。

近来连接思忠的信，思想一天天趋到激烈，而且对于党军胜利似起了无限兴奋，这也难怪。本来中国十几年来，时局太沉闷了，军阀们罪恶太贯盈了，人人都痛苦到极，厌倦到极，想一个新局面发生，以为无论如何总比旧日好，虽以年辈很老的人尚多半如此，何况青年们！所以你们这种变化，我绝不以为怪，但是这种希望，只怕还是落空。

我说话很容易发生误会，因为我向来和国民党有那些历史在前头。其实我是最没有党见的人，只要有人能把中国弄好，我绝不惜和他表深厚的同情，我从不采“非自己干来的都不好”那种褊狭嫉妒的态度……

在这种状态之下，于是乎我个人的出处进退发生极大问题。近一个月以来，我天天被人（却没有奉派军阀在内）包围，弄得我十分为难。许多人对于国党很绝望，觉得非有别的团体出来收拾不可，而这种团体不能不求首领，于是乎都想到我身上。其中进行最猛烈者，当然是所谓“国家主义”者那许多团体，次则国党右派的一部分人，次则所谓“实业界”的人（次则无数骑墙或已经投降党军而实在是假的那些南方二三等军队），这些人想在我的统率之下，成一种大同盟。他们因为团结不起来，以为我肯挺身而出，便团结了，所以对于我用全力运动。除直接找我外，对于我的朋友、门生都进行不遗余力（研究院学生也在他们运动之列，因为国家主义青年团多半是学生），我的朋友、门生对这问题也分两派：张君劢、陈博生、胡石青等是极端赞成的，丁在君、林宰平是极端反对的。他们双方的理由，我也不必详细列举。总之，赞成派认为这回事情比洪宪更重大万倍，断断不能旁观；反对派也承认这是一种理由。其所以反对，专就我本人身上说，第一是身体支持不了这种劳苦，第二是性格不宜于政党活动。

我一个月以来，天天在内心交战苦痛中。我实在讨厌政党生活，一提起来便头痛。因为既做政党，便有许多不愿见的人也要见，不愿做的事也要做，这种日子我实在过不了。若完全旁观畏难躲懒，自己对于国家实在良心上过不去。所以一个月来我为这件事几乎天天睡不着（却是白天的学校功课没有一天旷废，精神依然十分健旺），但现在我已决定自己的立场了。我一个月来，天天把我关于经济制度（多年来）的断片思想，整理一番。自己有确信的主张（我已经有两三个礼拜在储才馆、清华两处讲演我的主张），同时对于政治上的具体办法，虽未能有很惬心贵当的，但确信代议制和政党政治断不适用，非打破不可。所以我打算在最近期间内把我全部分的主张堂堂正正著出一两部书来，却是团体组织我绝对不加入，因为我根本就不相信那种东西能救中国。最近几天，季常从南方回来，很赞成我这个态度（丁在君们是主张我全不谈政治，专做我几年来所做的工作，这样实在对不起我的良心），我再过两礼拜，本学年功课便已结束，我便离开清华，用两个月做成我这项新工作（煜生听见高兴极了，今将他的信寄上，谅来你们都同此感想吧）。

以下的话专教训忠忠。

三个礼拜前，接忠忠信，商量回国，在我万千心事中又增加一重心事。我有好多天把这问题在我脑里盘旋。因为你要求我保密，我尊重你的意思，在你二叔、你娘娘跟前也未提起，我回你的信也不由你姊姊那里转。但是关于你终身一件大事情，本来应该和你姊姊、哥哥们商量，因为你姊姊哥哥不同别家，他们都是有程度的人。现在得姊姊信，知道你有一部分秘密已经向姊姊吐露了，所以我就在这公信内把我替你打算的和盘说出，顺便等姊姊哥哥们都替你筹划一下。

你想自己改造环境，吃苦冒险，这种精神是很值得夸奖的，我看见你这信非常喜欢。你们谅来都知道，爹爹虽然是挚爱你们，却从不肯姑息溺爱，常常盼望你们在苦困危险中把人格能磨练出来。你看这回西域冒险旅行，我想你三哥加入，不知多少起劲，就这一件事也很可以证明你爹爹爱你们是如何的爱法了，所以我最初接你的信，倒有六七分赞成的意思，所费商量者就只在投奔什么人，详情已见前信，想早已收到，但现在我主张已全变，绝对地反对你回来了。因为三个礼拜前情形不同，对他们还有相当的希望，觉得你到那边阅历一年总是好的，现在呢？假使你现在国内，也许我还相当地主张你去，但觉得老远跑回来一趟，太犯不着了。头一件，现在所谓北伐，已完全停顿，参加他们军队，不外是参加他们火拼，所为何来？第二件，自从党军发展之后，素质一天坏一天，现在迥非前比，白崇禧军队算是极好的，到上海后纪律已大坏，人人都说远不如孙传芳军哩；跑进去不会有什么好东西学得来。第三件，他们正火拼得起劲——李济深在粤，一天内杀左派二千人，两湖那边杀右派也是一样的起劲——人人都有自危之心，你们跑进去立刻便卷搀在这种危险漩涡中。危险固然不必避，但须有目的才犯得着冒险。现这样不分皂白切葱一般杀人，死了真报不出账来。冒险总不是这种冒法。这是我近来对于你的行为变更主张的理由，也许你自己亦已经变更了。我知道你当初的计划，是几经考虑才定的，并不是一时的冲动。但因为你在远，不知事实，当时几视党人为神圣，想参加进去，最少也认为是自己历练事情的惟一机会。这也难怪。北京的智识阶级，从教授到学生，纷纷南下者，几个月以前不知若千百千人，但他们大多数都极狼狈，极失望而归了。你若现在在中国，倒不妨去试一试（他们也一定有人欢迎你），长点见识，但老远跑回来，在极懊丧极狼狈中白费一年光阴却太不值了。

至于你那种改造环境的计划，我始终是极端赞成的，早晚总要实行三几年，但不争在这一时。你说："照这样舒服几年下去，便会把人格送掉。"这是没出息的话！一个人若是在舒服的环境中会消磨志气，那么在困苦懊丧的环境中也一定会消磨志气，你看你爹爹困苦日子也过过多少，舒服日子也经过多少，老是那样子，到底志气消磨了没有？——也许你们有时会感觉爹爹是怠惰了（我自己常常有这种警惧），不过你再转眼一看，一定会仍旧看清楚不是这样——我自己常常感觉我要拿自己做青年的人格模范，最少也要不愧做你们姊妹弟兄的模范。我又很相信我的孩子们，个个都会受我这种遗传和教训，不会因为环境的困苦或舒服而堕落的。你若有这种自信力，便“随遇而安”地做现在所该做的工作，将来绝不怕没有地方没有机会去磨练，你放心罢。你明年能进西点便进去，不能也没有什么可懊恼，进南部的“打人学校”也可，到日本也可，回来入黄埔也可（假使那时还有黄埔），我总尽力替你设法。就是明年不行，把政治经济学学得可以自信回来，再入那个军队当排长，乃至当兵，我都赞成。但现在殊不必牺牲光阴，太勉强去干。你试和姊姊、哥哥们切实商量，只怕也和我同一见解。

这封信前后经过十几天，才陆续写成，要说的话还不到十分之一。电灯久灭了，点着洋蜡，赶紧写成，明天又要进城去。

你们看这信，也该看出我近来生活情形的一斑了。我虽然为政治问题很绞些脑髓，却是我本来的工作并没有停。每礼拜四堂讲义都讲得极得意，因为《清华周刊》被党人把持，周传儒不肯把讲义笔记给他们登载。每次总讲两点钟以上，又要看学生们成绩，每天写字时候仍极多。昨今两天给庄庄、桂儿写了两把小楷扇子。每天还和老白鼻玩得极热闹，陆续写给你们的信也真不少。你们可以想见爹爹精神何等健旺了。

爹爹　五月五日

致思顺书

1927 年 5 月 11 日

麦机路送我学位，我真是想去，但今年总来不及了（谅来总是在行毕业礼时）。明年你若还留坎京，我真非来不可。到那时国内情形又不知变成怎样，或者我到美国无甚危险，亦不可知。受他招待倒没有什么不可。他们若再来问时，你便告诉他说："明年若国内无特别事故，当可一来。"因为我来看你们一趟之后，心里不知几多愉快，精神力量都要加增哩。

北京局面现在当可苟安，但隐忧四伏，最多也不过保持年把命运罢了。将来破绽的导火线，发自何方，现在尚看不出。举国中无一可以戡定大难之人，真是不了。多数人尤其是南方的智识阶级，颇希望我负此责任，我自审亦一无把握，所以不敢挑起担子。日来为这大问题极感苦痛，只好暂时冷静看一看再说罢。再过两礼拜，我便离开学校，仍到北戴河去，你们来信寄天津或北戴河使得。

汇去五千美金，想先后收到，你们的留支，过十天八天再寄罢。

民国十六年五月十一日

致思顺书

1927 年 5 月 13 日

我看见你近日来的信，很欣慰。你们缩小生活程度，暂在坎挨一两年，是最好的。你和希哲都是寒士家风出身，总不要坏自己家门本色，才能给孩子们以磨练人格的机会。生当乱世，要吃得苦，才能站得住（其实何止乱世为然），一个人在物质上的享用，只要能维持着生命便够了。至于快乐与否，全不是物质上可以支配。能在困苦中求快活，才真是会打算盘哩。何况你们并不算穷苦呢？拿你们（两个人）比你们的父母，已经舒服多少倍了，以后困苦日子，也许要比现在加多少倍，拿现在当做一种学校，慢慢磨练自己，真是再好不过的事，你们该感谢上帝。

你好几封信提小六还债事，我都没有答复。我想你们这笔债权只好算拉倒罢。小六现在上海，是靠向朋友借一块两块钱过日子，他不肯回京，即回京也没有法好想，他因为家庭不好，兴致索然，我怕这个人就此完了。除了他家庭特别关系以外，也是因中国政治大坏，政客的末路应该如此。古人说："择术不可不慎"，真是不错。但亦由于自己修养功夫太浅，所以立不住脚，假使我虽处他这种环境，也断不致像他样子。他还没有学下流，到底还算可爱，只是万分可怜罢了。

我们家几个大孩子大概都可以放心，你和思永大概绝无问题了。思成呢，我就怕因为徽音的境遇不好，把他牵动，忧伤憔悴是容易消磨人志气的（最怕是慢慢地磨）。即如目前因学费艰难，也足以磨人，但这是一时的现象，还不要紧，怕将来为日方长。我所忧虑者还不在物质上，全在精神上。我到底不深知徽音胸襟如何，若胸襟窄狭的人，一定抵挡不住忧伤憔悴，影响到思成，便把我的思成毁了。你看不致如此吧！关于这一点，你要常常帮助着思成注意预防。总要常常保持着元气淋漓的气象，才有前途事业之可言。

思忠呢，最为活泼，但太年轻，血气未定，以现在情形而论，大概不会学下流，我们家孩子断不致下流，大概总可放心。只怕进锐退速，受不起打击。他所择的术政治军事，又最含危险性，在中国现在社会做这种职务很容易堕落。即如他这次想回国，虽是一种极有志气的举动，我也很夸奖他，但是发动得太孟浪了。这种过度的热度，遇着冷水浇过来，就会抵不住。从前许多青年的堕落，都是如此。我对于这种志气，不愿高压，所以只把事业上的利害慢慢和他解释，不知他听了如何？这种教育方法，很是困难，一面不可以打断他的勇气，一面又不可以听他走错了路，走错了本来没有什么要紧，聪明的人会回头另走，但修养功夫未够，也许便因挫折而堕落。所以我对于他还有好几年未得放心，你要就近常察看情形，帮着我指导他。

今日没有功课，心境清闲得很，随便和你谈谈家常，很是快活。要睡觉了，改天再谈罢。

民国十六年五月十三日

致孩子们书

1927 年 5 月 26 日

孩子们：

我近来寄你们的信真不少，你们来信亦还可以，只是思成的太少，好像两个多月没有来信了，令我好生放心不下，我很怕他感受什么精神上刺激苦痛。我以为，一个人什么病都可医，惟有“悲观病”最不可医，悲观是腐蚀人心的最大毒菌。生当现在的中国人，悲观的资料太多了。思成因有徽音的连带关系，徽音这种境遇尤其易趋悲观，所以我对思成格外放心不下。

关于思成毕业后的立身，我近几个月来颇有点盘算，姑且提出来供你们参考——论理毕业后回来替祖国服务，是人人共有的道德责任。但以中国现情而论，在最近的将来，几年以内敢说绝无发展自己所学的余地，连我还不知道能在国内安居几时呢（并不论有没有党派关系，一般人都在又要逃命的境遇中）？你们回来有什么事可以做呢？多少留学生回国后都在求生不能求死不得的状态中，所以我想思成在这时候先打打主意，预备毕业后在美国找些职业，蹲两三年再说，这话像是“非爱国的”，其实也不然。你们若能于建筑美术上实有创造能力，开出一种“并综中西”的宗派，就先在美国试验起来，若能成功，则发挥本国光荣，便是替祖国尽了无上义务。我想可以供你们试验的地方，只怕还在美国而不在中国。中国就令不遭遇这种时局，以现在社会经济状况论，哪里会有人拿出钱来做你们理想上的建筑呢？若美国的富豪在乡间起（平房的）别墅，你们若有本事替他做出一两所中国式最美的样子出来，以美国人的时髦流行性，或竟可以哄动一时，你们不惟可以解决生活问题，而且可以多得实验机会，令自己将来成一个大专门家，岂不是“一举而数善备”吗？这是我一个人如此胡猜乱想，究竟容易办到与否，我不知那边情形，自然不能轻下判断，不过提出这个意见备你们参考罢了。

我原想你们毕业后回来结婚，过年把再出去。但看此情形（指的是官费满五年的毕业），你们毕业时我是否住在中国还不可知呢？所以现在便先提起这问题，或者今年暑假毕业时便准备试办也可以。

因此，连带想到一个问题，便是你们结婚问题。结婚当然是要回国来才是正办，但在这种乱世，国内不能安居既是实情。你们假使一两年内不能回国，倒是结婚后同居，彼此得个互助才方便，而且生活问题也比较的容易解决。所以，我颇想你们提前办理，但是否可行，全由你们自己定夺。我断不加丝毫干涉。但我认为这问题确有研究价值，请你们仔细商量定，回我话罢。

你们若认为可行，我想林家长亲也没有不愿意的，我便正式请媒人向林家求婚，务求不致失礼，那边事情有姊姊替我主办，和我亲到也差不多。或者我特地来美一趟也可以。

问题就在徽音想见他母亲，这样一来又暂时耽搁下去了。我实在替他难过。但在这种时局之下回国，既有种种困难；好在他母亲身体还康强，便迟三两年见面也还是一样。所以，也不是没有商量的余地。

至于思永呢，情形有点不同。我还相当地主张他回来一年，为的是他要去山西考古。回来确有事业可做，他一个人跑回来，便是要逃难也没有多大累赘。所以回来一趟也好，但回不回仍由他自决，我并没有绝对的主张。

学校讲课上礼拜已完了，但大考在即，看学生成绩非常之忙（今年成绩比去年多，比去年好），我大约还有半个月才能离开学校。暑期住什么地方尚未定。旧病虽不时续发，但比前一个月好些，大概这病总是不要紧的，你们不必忧虑！

爹爹　五月二十六日

给孩子们书

1927 年 5 月 31 日

本拟从容到暑假时乃离校，这两天北方局势骤变，昨今两日连接城里电话，催促急行，乃仓皇而遁，可笑之至。好在校阅成绩恰已完工，本年学课总算全始全终，良心上十分过得去。

今日一面点检行李，因许多要紧书籍稿件拟带往津，下午急急带着老白鼻往坟上看一趟，因为此次离开北京，也许要较长的时日才能再来。整夜不睡，点着蜡结束校中功课及其他杂事，明日入城，后日早车往津。

今日接思永信，说要去西部考古，我极赞成，所需旅费美金二百，即汇去，计共汇中国银一千二百元（合美金多少未分），内七百五十元系希哲四、五、六三个月留支（先垫出一个月），余四百五十元即给永旅费，顺收到美金多少，即依此数分配便是。若永得到监督处拨款，此数（四百五十元）即留为庄学费。

津租界或尚勉强可住，出去数日看情形如何，再定行止？不得已或避地日本，大约不消如此。我本身无特别危险，只要地方安宁，便可匿迹销声，安住若干时日。

北京却险极，恐二叔也要逃难。

民国十六年五月三十一日

给孩子们书

1927 年 6 月 15 日

三个多月不得思成来信，正在天天悬念，今日忽然由费城打回来相片一包——系第一次所寄者（阴历新年），合家惊惶失措。当即发电坎京询问，谅一二日即得复电矣。你们须知你爹爹是最富于情感的人，对于你们的感情，十二分热烈。你们无论功课若何忙迫，最少隔个把月总要来一封信，便几个字报报平安也好。你爹爹已经是上年纪的人，这几年来，国忧家难，重重叠叠，自己身体也不如前。你们在外边几个大孩子，总不要增我的忧虑才好。

我本月初三离开清华，本想立刻回津，第二天得着王静安[1]先生自杀的噩耗，又复奔回清华，料理他的后事及研究院未完的首尾，直至初八才返到津寓。现在到津已将一星期了。

静安先生自杀的动机，如他遗嘱上所说："五十之年，只欠一死，遭此世变，义无再辱"。他平日对于时局的悲观，本极深刻。最近的刺激，则由两湖学者叶德辉、王葆心之被枪毙。叶平日为人本不自爱（学问却甚好），也还可说是有自取之道，王葆心是七十岁的老先生，在乡里德望甚重，只因通信有"此间是地狱"一语，被暴徒拽出，极端箠辱，卒置之死地。静公深痛之，故效屈子沉渊，一瞑不复视。此公治学方法，极新极密，今年仅五十一岁，若再延寿十年，为中国学界发明，当不

[1] 王静安（1877—1927）即王国维，字伯隅、静安，号观堂、永观，浙江海宁人。近代中国著名学者，杰出的古文字、古器物、古史地学家，诗人，文艺理论学家，哲学家，国学大师。1925 年，王国维受聘任清华研究院导师，与梁启超、陈寅恪、赵元任、李济一同被称为"五星聚奎"（清华五大导师）。

可限量。今竟为恶社会所杀，海内外识与不识莫不痛悼。研究院学生皆痛哭失声，我之受刺激更不待言了。

半月以来，京津已入恐慌时代，亲友们颇有劝我避地日本者，但我极不欲往，因国势如此，见外人极难为情也。天津外兵云集，秩序大概无虞。昨遣人往询意领事，据言意界必可与他界同一安全。既如此则所防者不过暴徒对于个人之特别暗算。现已实行“闭门”二字，镇日将外园铁门关锁，除少数亲友外，不接一杂宾，亦不出门一步，决可无虑也（以上六月十四写）。

十五日傍晚，得坎京复电，大大放心了。早上检查费城打回之包封，乃知寄信时神经病的阿时将住址写错，错了三十多条街，难怪找不着了。但远因总缘久不接思成信。我一个月来常常和王姨谈起，担心思成身子。昨日忽接该件，王姨惊慌失其常度，只好发电一问以慰其心。你们知道家中系念游子，每月各人总来一信便好了。

我一个月来旧病发得颇厉害，约摸四十余天没有停止。原因在学校暑期前批阅学生成绩太劳，王静安事变又未免大受刺激。到津后刻意养息，一星期来真是饱食终日无所用心。这两天渐渐转过来了。好在下半年十有九不再到清华，趁此大大休息年把，亦是佳事。

我本想暑期中作些政论文章，蹇季常、丁在君、林宰平大大反对，说只有“知其不可而为之”，没有“知其不可而言之”。他们的话也甚有理，我决意作纯粹的休息。每天除写写字、读读文学书外，更不做他事。如此数月，包管旧病可痊愈。

十五舅现常居天津，我替他在银行里找得百元的差事，他在储才馆可以不到。隔天或每天来打几圈牌，倒也快活。

我若到必须避地国外时，与其到日本，宁可到坎拿大。我若来坎时，打算把王姨和老白鼻都带来，或者竟全眷俱往，你们看怎么样？因为若在坎赁屋住多几人吃饭差不了多少，所差不过来往盘费罢了。麦机利教授我也愿意当，但惟一的条件，须添聘思永当助教（翻译）。希哲不妨斟酌情形，向该校示意。

以现在局势论，若南京派得势，当然无避地之必要；若武汉派得势，不独我要避地，京津间无论何人都不能安居了。以常理论，武汉派似无成功之可能。然中国现情，多不可以常理测度，所以不能不做种种准备。

广东现在倒比较安宁些，那边当局倒还很买我的面子。两个月前新会各乡受军队骚扰，勒缴乡团枪支，到处拿人，茶坑亦拿去四十几人，你四叔也在内。（你四叔近来很好，大改变了。）乡人函电求救情词哀切，我无法，只好托人写一封信去，以为断未必发生效力，不过稍尽人事罢了，谁知那信一到，便全体释放（邻乡皆不如是），枪支也发还，且托人来道歉。我倒不知他们对于我何故如此敬重，亦算奇事了，若京津间有大变动时，拟请七叔奉细婆仍回乡居住，倒比在京放心些。

前月汇去美金五千元，想早收到。现在将中国银行股票五折出卖，买时本用四折，中交票领了七八年利息，并不吃亏。卖去二百股得一万元，日内更由你二叔处再凑足美金五千元汇去，想与这信前后收到。有一万美金，托希哲代为经营，以后思庄学费或者可以不消我再管了。天津租界地价渐渐恢复转来，新房子有人要买。我索价四万五千，或还到四万，打算也出脱了，便一并汇给你们代理。

忠忠劝我卫生的那封六张纸的长信，半月前收到了。好啰嗦的孩子，管爷管娘的，比先生管学生还严，讨厌讨厌。但我已领受他的孝心，一星期来已实行八九了。我的病本来是“无理由”，而且无妨碍的，因为我大大小小事，都不瞒你们。所以随时将情形告诉你们一声，你们若常常啰嗦我，我便不说实话，免得你们担心了。

民国十六年六月十五日

致思顺书

1927 年 6 月 23 日

顺儿：

一星期前由二叔处寄去美金五千想收，今再将副票寄上。十九日接思永信，言决二十一日离美返国，因京津间形势剧变，故即发电阻止。思永此次行止屡变，皆我所致，然亦缘时局太难捉摸耳。我现在作暑期后不复入京之计划，又打算非到万不得已时不避地国外，似此倒觉极安适。旬日实行休息，病又将痊愈（佳象为近三个月所无），近虽著述之兴渐动，然仍极力节制，决俟秋凉后，乃着手工作。顷十五舅在津，每日来家晚饭，饭后率打牌四圈至八圈，饭菜都是王姨亲做（老吴当二把刀）。达达等三人聘得一位先生专教国文，读得十二分起劲。据他们说读一日，比在校中读三四日得益更多也。那先生一面当学生，也高兴到了不得。

民国十六年六月二十三日

致思顺书

1927 年 7 月 3 日

这几天热得很，楼上书房简直不能坐，我每天在大客厅铺张藤床，看看书，睡睡午觉，十五舅来打打牌，就过一天，真是饱食终日（胃口大好，饭量增加半碗），无所用心。却也奇怪，大半年来的病好得清清楚楚了，和去年忠忠动身后那个把月一样。这样看来，这病岂不是“老太爷病”吗？要享清福的人才配害的，与我的性格太不相容了。但是倘使能这样子几个月便断根，那么牺牲半年或大半年的工作，我也愿意的。

我现在对于北京各事尽行辞却，因为既立意不到京，决不肯拿干薪，受人指摘，自己良心更加不安。北京图书馆不准我辞，我力请的结果，已准请假，派静生代理。（薪水当然归静生，我决不受。）储才馆现尚未摆脱，但尽一月内非摆脱不可，清华也还摆脱不了，或者改用函授，亦勉强不辞。独有国立京师图书馆，因前有垫款关系，此次美庚款委员会以我在馆长职为条件，乃肯接济，故暂且不辞。几件事里头，以储才馆最为痛心。我费半年精神下去，成绩真不坏，若容我将此班办到卒业，必能为司法界立一很好的基础，现在只算白费心力了。北京图书馆有静生接手，倒是一样。清华姑且摆在那里再说。我这样将身子一抖，自己倒没有什么（不过每月少去千把几百块钱收入），却苦了多少亲戚朋友们了。二叔咧、七叔咧、十五舅咧、赵表叔咧、廷灿咧、黑二爷咧，都要受影响。二叔中国银行事还在，倒没有什么，但怕也不能长久。十五舅现在只有交通银行百元了。但也顾不得许多了。其实为我自己身子计，虽没有时局的变迁，也是少揽些事才好。所以王姨见我摆脱这些事，却大大高兴，谅来你们也同一心理。

前几天写一封信，搁了许多天未寄，陆续接到六月一日、九日两封长信，知第一次之五千元已收到了，第二次由二叔处汇去美金五千，想又收到。希哲意先求稳当，最好以希哲的才干经理这点小事，一定千妥万妥的。你也不必月月有报告，你全权管理着就是了。我还想将家里点点财产，陆续处分处分，得多少都交你们替我经营去。

民国十六年七月三日

给孩子们书

1927 年 8 月 29 日

一个多月没有写信，只怕把你们急坏了。

不写信的理由很简单，因为向来给你们的信都在晚上写的。今年热得要命，加以蚊子的群众运动比武汉民党还要厉害，晚上不是在院中外头，就是在帐子里头，简直五六十晚没有挨着书桌子，自然没有写信的机会了，加以思永回来后，谅来他去信不少，我越发落得躲懒了。

关于忠忠学业的事情，我新近去过一封电，又思永有两封信详细商量，想早已收到。我的主张是叫他在威士康逊[1]把政治学告一段落，再回到本国学陆军，因为美国决非学陆军之地，而且在军界活动，非在本国有些“同学系”的关系不可以。至于国内何校最好，我在这一年内切实替你调查预备便是。

思成再留美一年，转学欧洲一年，然后归来最好。关于思成学业，我有点意见。思成所学太专向了，我愿意你趁毕业后一两年，分出点光阴多学些常识，尤其是文学或人文科学中之某部门，稍为多用点工夫。我怕你因所学太专门之故，把生活也弄成近于单调，太单调的生活，容易厌倦，厌倦即为苦恼，乃至堕落之根源。再者，一个人想要交友取益，或读书取益，也要方面稍多，才有接谈交换，或开卷引进的机会。不独朋友而已，即如在家庭里头，像你有我这样一位爹爹，也属人生难逢的幸福，若你的学问兴味太过单调，将来也会和我相对词竭，不能领着我的教训，你全生活中本来应享的乐趣也削减不少了。我是学问趣味方面极多的人，我之所以不能专积有成者在此。然而我的生活

---

[1] 威士康逊：威斯康星。

内容，异常丰富，能够永久保持不厌不倦的精神，亦未始不在此。我每历若干时候，趣味转过新方面，便觉得像换个新生命，如朝旭升天，如新荷出水，我自觉这种生活是极可爱的，极有价值的。我虽不愿你们学我那泛滥无归的短处，但最少也想你们参采我那烂漫向荣的长处（这封信你们留着，也算我自作的小小像赞）。我这两年来对于我的思成，不知何故常常像有异兆的感觉，怕他渐渐会走入孤峭冷僻一路去。我希望你回来见我时，还我一个三四年前活泼有春气的孩子，我就心满意足了。

这种境界，固然关系人格修养之全部，但学业上之熏染陶熔，影响亦非小。因为我们做学问的人，学业便占却全生活之主要部分。学业内容之充实扩大，与生命内容之充实扩大成正比例。所以我想医你的病，或预防你的病，不能不注意及此。这些话许久要和你讲，因为你没有毕业以前，要注重你的专门，不愿你分心，现在机会到了，不能不慎重和你说。你看了这信，意见如何（徽音意思如何），无论校课如何忙迫，是必要回我一封稍长的信，令我安心。

你常常头痛，也是令我不能放心的一件事，你生来体气不如弟妹们强壮，自己便当自己格外撙节补救，若用力过猛，把将来一身健康的幸福削减去，这是何等不上算的事呀。前所在学校功课太重，也是无法，今年转校之后，务须稍变态度。我国古来先哲教人做学问方法，最重优游涵饮，使自得之。这句话以我几十年之经验结果，越看越觉得这话亲切有味。凡做学问总要“猛火熬”和“慢火炖”两种工作，循环交互着用去。在慢火炖的时候才能令所熬的起消化作用融洽而实有诸己。思成，你已经熬过三年了，这一年正该用炖的工夫。不独于你身子有益，即为你的学业计，亦非如此不能得益，你务要听爹爹苦口良言。庄庄在极难升级的大学中居然升级了，从年龄上你们姊妹弟兄们比较，你算是最早一个大学二年级生，你想爹爹听着多么欢喜。你今年还是普通科大学生，明年便要选定专门了，你现在打算选择没有？我想你们弟兄姊妹，到今还没有一个学自然科学，很是我们家里的憾事，不知道你性情到底近这方面不？我很想你以生物学为主科，因为它是现代最进步的自然科学，而且为哲学社会学之主要基础，极有趣而不须粗重的工作，于女孩子极为合宜，学回来后本国的生物随在可以采集试验，容易有新发明。截止到今日止，中国女子还没有人学这门（男子也很少），你来做一个“先登者”不好吗？还有一样，因为这门学问与一切人文科学有密切关系，你学成回来可以做爹爹一个大帮手，我将来许多著作还要请你做顾问哩！不好吗？你自己若觉得性情还近，那么就选他，还选一两样和他有密切联络的学科以为辅。你们学校若有这门的好教授，便留校，否则在美国选一个最好的学校转去，姊姊哥哥们当然会替你调查妥善，你自己想想定主意罢。

专门科学之外，还要选一两样关于自己娱乐的学问，如音乐、文学、美术等。据你三哥说，你近来看文学书不少，甚好甚好。你本来有些音乐天才，能够用点功，叫他发荣滋长最好。

姊姊来信说你因用功太过，不时有些病。你身子还好，我倒不十分担心，但做学问原不必太求猛进，像装罐头样子，塞得太多太急不见得便会受益。我方才教训你二哥，说那“优游涵饮，使自得之”，那两句话，你还要记着受用才好。

你想家想极了，这本难怪，但日子过得极快，你看你三哥转眼已经回来了，再过三年你便变成一个学者回来帮着爹爹工作，多么快活呀！

思顺报告营业情形的信已到。以区区资本而获利如此甚丰，实出意外，希哲不知费多少心血了。但他是一位闲不得的人谅来不以为劳苦。永年保险押借款剩余之部及陆续归还之部，拟随时汇到你们那里经营。永年保险明年秋间便满期。现在借款认息八厘，打算索性不还他，到明年照扣便了。又国内股票公债等，如可出脱者（只要有人买），打算都卖去，欲再凑美金万元交你们（只怕不容易）。因为国内经济界全体破产即在目前，旧物只怕都成废纸了。

我们爷儿俩常打心电，真是奇怪。给他们生日礼物一事，我两月前已经和王姨谈过，写信时要说的话太多，竟忘记写去，谁知你又想起来了。耶稣诞我却从未想起。现在可依你来信办理。几个学生都照给他们压岁钱，生日礼、耶稣诞各二十元。桂儿姊弟压岁、耶稣诞各二十元，你们两夫妇却只给压岁钱，别的都不给了，你们不说爹爹偏心吗？

我数日前因闹肚子，带着发热，闹了好几天，旧病也跟着发得厉害。新病好了之后，唐天如替我制一药膏方，服了三天，旧病又好去大半了。现在天气已凉，人极舒服。

这几天几位万木草堂[1]老同学韩付国、徐启勉、伍宪子，都来这里共商南海先生身后事宜，他家里真是八塌糊涂，没有办法。最糟的是他一位女婿（三姑爷）。南海生时已经种种捣鬼，连偷带骗。南海现在负债六七万，至少有一半算是欠他的（他串同外人来盘剥）。现在还是他在那里把持，二姨太是三小姐的生母，现在当家，惟女儿女婿之言是听，外人有什么办法。启勉任劳任怨想要整顿一下，便有“干涉内政”的谤言，只好置之不理。他那两位世兄，和思忠、思庄同庚，现在还是一点事不懂（远不及达达、司马懿），活是两个傻大少（人当不坏，但是饭桶，将来亦怕变坏）。还有两位在家的小姐，将来不知被那三姑爷摆弄到什么结果，比起我们的周姑爷和你们弟兄姊妹，真成了两极端了。我真不解，像南海先生这样一个人，为什么全不会管教儿女，弄成这样局面。我们共同商议的结果，除了刊刻遗书由我们门生负责外，盼望能筹些款，由我们保管着，等到他家私花尽（现在还有房屋、书籍、字画亦值不少），能够稍为接济那两位傻大少及可怜的小姐，算稍尽点心罢了。

思成结婚事，他们两人商量最好的办法，我无不赞成。在这三几个月，当先在国内举行庄重的聘礼，大约须在北京，林家由徽的姑丈们代行，等商量好再报告你们。

福鬘来津住了几天，现在思永在京，他们当短不了时时见面。

达达们功课很忙，但他们做得兴高采烈，都很有进步。下半年都不进学校了，良庆（在南开中学当教员）给他们补些英文、算学，照

[1] 万木草堂：康有为于1891年在广州所开学堂，开一时风气之先，梁启超曾在此学习。

此一年下去，也许抵得过学校里两年。

老白鼻越发好顽了。

爹爹　八月二十九日

两点钟了，不写了。

给孩子们书

1927 年 10 月 11 日

我在协和住了十二日，现在又回到天津了。十二日的结果异常之好，血压由百四五十度降到百零四度，小便也跟着清了许多。但医生声明不是吃药的功效，全由休息及饮食上调养得来，现回家已十日。生活和在医院差不多，病亦日见减轻。若照此半年下去，或许竟有复原之望。

思永天天向我唠叨，说我不肯将自己作病人看待。我因为体中并无不适处，如何能认作病人。这次协和详细检查，据称每日所失去之血，幸而新血尚能补上，故体子不致太吃亏。但每日所补者总差些微不足（例如失了百分，补上九十九分），积欠下去，便会衰弱，所以要在起居饮食上调节，今其逐渐恢复平衡。现在全依医生的话，每天工作时间极少，十点钟便上床，每晚总睡八小时以上，食物禁蛋白质，禁茶、咖啡等类（酒不必说绝不入口）。半月以来日起有功了。

思永主张在清华养病，他娘娘反对。在清华的好处是就医方便，但这病既不靠医药，即起居饮食之调养，仍是天津方便得多，而且我到了清华后，节劳到底是不可能的，所以讨论结果，思永拗不过他娘娘。现在看来幸亏没有再搬入京，奉、晋开战后，京中人又纷纷搬家了。

思永原定本月四日起程考古，行装一切已置备，火车位已定妥了，奉、晋战事于其行期三日前爆发，他这回回国计划失败大半了。若早四五日去，虽是消息和此间隔绝，倒可以到他的目的地。幸亏思忠没有回来。前所拟议的学校，现在都解散了。生当今日的中国再没有半年以上的主意可打，真可痛心。

现在战事正在酣畅中，胜负如何，十日后当见分晓，但无论何方胜，前途都不会有光明，奈何奈何！要说的话很多，严守医生之训，分做两三次写罢。

民国十六年十月十一日

致孩子们书

1927 年 10 月 29 日—11 月 15 日

孩子们：

又像许久没有写信了，近一个月内连接顺、忠、庄好多信，独始终没有接到思成的，令我好生悬望。每逢你们三个人的信到时，总盼着一两天内该有思成的一封，但希望总是落空。今年已经过去十个月了。像仅得过思成两封信（最多三封），我最不放心的是他，偏是他老没有消息来安慰我一下，这两天又连得顺、忠的信了，不知三五天内可有成的影子来。

我自从出了协和，回到天津以来，每天在起居饮食上十二分注意，食品全由王姨亲手调理，睡眠总在八小时以上。心思当然不能绝对不用，但常常自己严加节制，大约每日写字时间最多，晚上总不做什么工作。便尿“赤化”虽未能骤绝，但血压逐渐低下去，总算日起有功。

我给你们每人写了一幅字，写的都是近诗，还有余樾园给你们每人写一幅画，都是极得意之作。正裱好付邮，邮局硬要拆开看，认为贵重美术品要课重税，只好不寄，替你们留在家中再说罢。另有扇子六把（希哲、思顺、思成、徽音、忠忠、庄庄各一），已经画好，一两天内便写成，即当寄去。

思成已到哈佛没有？徽音又转学何校？我至今未得消息，不胜怅惘。你们既不愿意立即结婚，那么总以暂行分住两地为好，不然生理上精神上或者都会发生若干不良的影响。这虽是我远地的幻想，或不免有点过忧，但这种推理也许不错，你们自己细细测验一下，当与我同一感想。

我在这里正商量替你们行庄重的聘礼，已和卓君庸商定，大概他正去信福州，征求徽音母亲的意见，一两星期内当有回信了。届时或思永福鬘的聘礼同时举行，亦未可知。

成、徽结婚的早晚，我当然不干涉。但我总想你们回国之前，先在欧洲住一年或数月，因为你们学此一科，不到欧洲实地开开眼界是要不得的。回国后再作欧游，谈何容易，所以除了归途顺道之外，没有别的机会。既然如此，则必须结婚后方上大西洋的船，殆为一定不易的办法了。我想的乘暑假后你们也应该去欧洲了，赶紧商议好，等我替你们预备罢。

还有一段事实不能不告诉你们：若现在北京主权者不换人，你们婚礼是不能在京举行的。理由不必多说，你们一想便知。若换人时恐怕也带着换青天白日旗，北京又非我们所能居了。所以恐怕到底不是你们结婚的地点。

忠忠到维校之后来两封信，都收到了。借此来磨练自己的德性，是最好不过的了，你有这种坚强志意，真令我欢喜。纵使学科不甚完备，也是值得的，将来回国后，或再补入（国内）某个军官学校都可以。好在你年纪轻，机会多着呢。

你加入团体的问题，请你自己观察，择其合意者，便加入罢。我现在虽没有直接做政治活动，但时势逼人，早晚怕免不了再替国家出一场大汗。现在的形势，我们起它一个名字，叫做“党前运动”。许多非国民党的团体要求拥戴领袖作大结合（大概除了我，没有人能统一他们），我认为时机未到，不能答应，但也不能听他们散漫无纪。现在办法，拟设一个虚总部，不直接活动，而专任各团体之联络。大抵为团体，如美之各联邦，虚总部则如初期之费城政府，作极稀松的结合，将来各团事业发展后，随时增加其结合之程度。你或你的朋友也不妨自立一“邦”，和现在的各“邦”同时隶于虚总部之下，将来自会有施展之处。

以上十月二十九日写

昨日又得加拿大一大堆信，高兴得我半夜睡不着，既然思成信还没有来，知道他渐渐恢复活泼样子，我便高兴了。前次和思永谈起，永说“爹爹尽可放心，我们弟兄姊妹都受了爹爹的遗传和教训，不会走到悲观沉郁一路去”。果然如此，我便快乐了。

寒假里成、徽两人溜到阿图合顽几天，好极了。他们得大姊姊温暖一度，只怕效力比什么都大。

庄庄学生物学和化学，好极了，家里学自然科学的人太少了，你可以做个带头马。我希望达达以下还有一两个走这条路，还希望烂名士将来也把名士气摆脱些，做个科学家。

思永出外挖地皮去不成功，但现在事情也很够他忙了。他所挂的头衔真不少：清华学校助教、古物陈列所审查员、故宫博物院审查员。但都不领薪水（故宫或者有些少），他在清华整理西阴遗物，大约本礼拜可以完功。他现在每礼拜六到古物陈列所，过几天故宫改组后开始办事，他或者有很多的工作；他又要到监狱里测量人体，下月也开始工作，只怕要搬到城里住了。我出医院回津后，就没有看见他。过几天是他生日，要让他溜回家顽一两天。

希哲替我经营，一切顺利，欣慰之至，一月以来，由二叔交寄汇两次，共三千美金，昨天又由天津兴业汇二千美金，想均收到。前后汇寄之款，皆由变卖国内有价证券而来（一部分是保险单押出之款陆续归还者），计卖去中国银行股票面二万，七年长期票面万八千，余皆以半价卖出——但不算吃亏。因为前几年买入的价格都不过三折余，已经拿了多次利息了——国内百业凋残，一两年后怕所有礼券都会成废纸，能卖出多少转到美洲去，也不至把将来饭碗全部摔破。今年内最多只能再寄美金一千，明年下半年保险满期，当可得一笔稍大之款。照希哲这样经营得三两年，将来吃饭当不至发生问题了。

以上十月三十一日写

这封信写了多天未成，又搁了多天未寄，意在等思成一封信，昨天等到了，高兴到了不得。要续写，话又太多，恐怕更搁下去，就把前头写的先寄罢。

昨天思永“长尾巴”叫他回家顽三两天，越发没有工夫写信了。你们千万别要盼我多信，因为我寄给你们的信都是晚上写的，我不熬夜便没有信了，你们看见爹爹少信，便想爹爹着实是养病了。

我这一个礼拜小便非常非常之好，简直和常人一样了。你们听见，当大大高兴。

爹爹　十一月十五日

给孩子们书

1927 年 11 月 23 日

有项好消息报告你们，我自出了协和以来，真养得大好而特好，一点药都没有吃，只是如思顺来信所说，拿家里当医院，王姨当看护，严格地从起居饮食上调养。一个月以来，“赤化”像已根本扑灭了，脸色一天比一天好，体子亦胖了些。这回算是思永做总司令，王姨执行他的方略，若真能将宿病从此断根，他这回回家，总算尽代表你们的职守了，我半月前因病已好，想回清华，被他听见消息，来封长信说了一大车唠叨话，现在暂且中止了。虽然著述之兴大动，也只好暂行按住。

思顺这次来信，苦口相劝，说每次写信便流泪，你们个个都是拿爹爹当宝贝，我是很知道的，岂有拿你们的话当耳边风的道理。但两年以来，我一面觉得这病不要紧，一面觉得他无法可医，那么我有什么不能忍耐呢？你们放下十二个心罢。

却是因为我在家养病，引出清华一段风潮，至今未告结束。依思永最初的主张，本来劝我把北京所有的职务都辞掉，后来他住在清华，眼看着惟有清华一时还摆脱不得，所以暂行留着。秋季开学，我到校住数天，将本年应做的事大约定出规模，便到医院去。原是各方面十分相安的，不料我出院后几天，外交部有改组董事会之举，并且章程上规定校长由董事中互选，内中头一位董事就聘了我，当部里征求我同意时，我原以不任校长为条件才应允（虽然王荫泰对我的条件没有明白答复认可），不料曹云祥怕我抢他的位子，便暗中运动教职员反对，结果只有教员朱某一人附和他。我听见这种消息，便立刻离职，他也不知道，又想逼我并清华教授也辞去，好同清华断绝关系，于是由朱某运动一新来之学生（研究院的，年轻受骗）上一封书说，院中教员旷职，请求易人。老曹便将那怪信油印出来寄给我，讽示我自动辞职。不料事为全体学生所闻，大动公愤，向那写匿名信的新生责问，于是种种卑劣阴谋尽行吐露，学生全体跑到天津求我万勿辞职（并勿辞董事），恰好那时老曹的信正到来，我只好顺学生公意，声明绝不自动辞教授，但董事辞函却已发出，学生们又跑去外交部请求：勿许我辞。他们未到前，王外长的挽留函也早发出了。他们请求外交部撤换校长及朱某，外交部正在派员查办中，大约数日后将有揭晓。这类事情，我只觉得小人可怜可叹，绝不因此动气。而且外交部挽留董事时，我复函虽允诺，但仍郑重声明以不任校长为条件，所以我也断不致因这种事情再惹麻烦，姑且当做新闻告诉你一笑罢。

民国十六年十一月二十三日

给孩子们书

1927 年 12 月 12 日

这几天家里忙着为思成行文定礼，已定本月十八日（阳历）在京寓举行，日子是王姨托人择定的。我们虽不迷信，姑且领受他一片好意。因婚礼十有八九是在美举行，所以此次文定礼特别庄严慎重些。晨起谒祖告聘，男女两家皆用全帖遍拜长亲，午间宴大宾，晚间家族欢宴。我本拟是日入京，但一因京中近日风潮正恶，二因养病正见效，入京数日，起居饮食不能如法，恐或再发旧病，故二叔及王姨皆极力主张我勿往，一切由二叔代为执行，也是一样的。今将告庙文写寄，可由思成保藏之作纪念。

聘物我家用玉佩两方，一红一绿，林家初时拟用一玉印，后闻我家用双佩，他家也用双印，但因刻主好手难得，故暂且不刻，完其太璞。礼毕拟将两家聘物汇寄坎京，备结婚时佩带，惟物品太贵重，生恐失落，届时当与邮局及海关交涉，看能否确实担保，若不能，即仍留两家家长处，结婚后归来，乃授与宝存。

在美婚礼，我远隔不能遥断，但主张用外国最庄严之仪式，可由希哲、思顺帮同斟酌，拟定告我。惟日期最盼早定，预先来信告知，是日仍当在家里行谒祖礼，又当用电报往贺也。

婚礼所需，思顺当能筹划，应用多少可由思顺全权办理。另有三千元（华币），我在三年前拟补助徽音学费者，徽来信请暂勿拨付，留待归途游欧之用，今可照拨。若“捣把”有余利，当然不成问题，否则在资本内动用若干，亦无妨，因此乃原定之必要费也。

思成请学校给以留欧费一事，现曹校长正和我闹意见，不便向他说项，前星期外交部派员到校查办风潮起因，极严厉，大约数日内便见分晓。好在校长问题不久便当解决，曹去后大约由梅教务长代理，届时当为设法。

我的病本来已经痊愈了，二十多天，便色与常人无异，惟最近一星期因作了几篇文章，实在是万不能不作的，但不应该连着作罢了。又渐渐有复发的形势，如此甚属讨厌，若完全叫我过“老太爷的生活”，我岂不成了废人吗？我精神上实在不能受此等痛苦。

晚饭后打完了“三人六圈”的麻将，时候尚很早，抽空写这封信，尚有许多话要说，被王姨干涉，改天再写罢。

民国十六年十二月十二日

致思成书

1927 年 12 月 18 日

思成：

这几天为你们聘礼，我精神上非常愉快，你想从抱在怀里“小不点点”（是经过千灾百难的），一个孩子盘到成人，品性学问都还算有出息，眼看着就要缔结美满的婚姻，而且不久就要返国，回到我的怀里，如何不高兴呢？今天北京家里典礼极庄严热闹，天津也相当的小小点缀，我和弟弟妹妹们极快乐地玩了半天，想起你妈妈不能小待数年，看见今日，不免起些伤感，但他脱离尘恼，在彼岸上一定是含笑的。除在北京由二叔正式告庙外（思永在京跟着二叔招呼一切），今晨已命达达等在神位前默祷达此诚意。

我主张你们在坎京行礼，你们意思如何？我想没有比这样再好的了。你们在美国两个小孩子自己实张罗不来，且总觉太草率，有姊姊代你们请些客，还在中国官署内行谒祖礼（婚礼还是在教堂内好），才庄严像个体统。

婚礼只要庄严不要奢靡，衣服首饰之类，只要相当过得去便够，一切都等回家再行补办，宁可从节省点钱作旅行费。

你们由欧归国行程，我也盘算到了。头一件我反对由西伯利亚路回来，因为野蛮残破的俄国，没有什么可看，而且入境出境，都有种种意外危险（到满洲里车站总有无数麻烦），你们最主要目的是游南欧，从南欧折回俄京搭火车也太不经济，想省钱也许要多花钱。我替你们打算，到英国后折往瑞典、挪威一行，因北欧极有特色，市政亦极严整有新意，必须一往。新造之市，建筑上最有意思者为南美诸国，可惜力量不能供此游，次则北欧特可观。由是入德国，除几个古都市外，莱茵河畔著名堡垒最好能参观一二，回头折入瑞士看些天然之美，再入意大利，多耽搁些日子，把文艺复兴时代的美，彻底研究了解。最后便回到法国，在马赛上船，到西班牙也好，刘子楷在那里当公使，招待极方便，中世及近世初期的欧洲文化实以西班牙为中心。中间最好能腾出点时间和金钱到土耳其一行，看看回教的建筑和美术，附带着看看土耳其革命后政治（替我）。关于这一点，最好能调查得一两部极简明的书（英文的）回来讲给我听听。

思永明年回美，我已决定叫他从欧洲走，但是许走西伯利亚路，因为去年的危难较少。最好你们哥儿俩约定一个碰头地方，大约以使馆为通信处最便。你们只要大概预定某月到某国，届时思永到那边使馆找你们便是。

从印度洋回来，当然以先到福州为顺路，但我要求你们先回京津，后去福州。假使徽音在闽预定仅住一月半月，那自然无妨。但我忖度情理，除非他的母亲已回北京，否则徽一定愿意多住些日子，而且极应该多住，那么必须先回津，将应有典礼都行过之后，你才送去。你在那边住个把月便回来，留徽在娘家一年半载，则双方仁至义尽。关于这一点，谅来你们也都同意。

民国丨六年十二月十八日

致思顺书

1927 年 12 月 21 日

十一月份营业报告收到，希哲真能干，怎么几个月工夫已经弄到加倍以上的利（还除了庄庄一笔学费等等不计）。照这样下去，若资本丰富一点，经营三两年岂不成了富翁吗？我现在极力撙节，陆续还寄些去。若趁希哲在外的机会弄到美金五万，寄回来便是十万，我真可以不必更费气力找饭吃，家里经济问题完全解决了。

保险单明年七月便满期，保的是三万元，但十五年间所纳费已在三万七八千元内外，若只得三万，岂非我们白亏了七八千元，还有复息不在内，这不太吃亏吗？不知保险公司章程何如，若只有三万，则除去借款一万五千并利息外，明年所收不过一万三千余了。该公司总部设在加拿大，保险单也押存在总公司，若期满后展转赎回，乃能领款，又须经几个月。我想和公司交涉，一满期便将该款在坎京拨交希哲收。请希哲日内便与总公司交涉，应需何等手续，半年内可以办妥也，省得许多事。

思成、徽音婚礼及游欧费所需，只好请希哲努力变把戏变些出来，若利息所入不敷，即动些资本，亦无不可，有三千华币给徽音，合以思成在学校所领，或亦已勉强够用罢，我知道他们是不会乱花钱的，你斟酌着不可令他们太刻苦便是。

你们自己的生计怎么样？月月赔垫这些钱都是从哪里出，从前的积蓄究竟赔去多少？你下次来信把大概情形告诉我，令我安心一点罢。

你再过三四年才回家，绝不要紧，一个月总有一两封信，也和见面差不多，我的体气底子本来极强，这点小病算什么？况且我已经绝对采用你们的劝告，把养病当一件大事了，你们还有什么不放心呢？

你虽是受父母特别的爱（其实也不算特别，我近来爱弟妹们也并不下于爱你），但你的报答也算很够了。妈妈几次的病，都是你一个人服侍，最后半年多衣不解带地送妈妈寿终正寝。对于我呢，你几十年来常常给我精神上无限的安慰喜悦，这几年来把几个弟弟妹妹交给你，省我多少操劳，最近更把家里经济基础由你们夫妇手确立，这样女孩儿，真是比别人家男孩儿还得力十倍。你自己所尽的道德责任，也可以令你精神上常常得无限愉快了。所以我劝你不必思家着急，趁这在外的机会，把桂儿、瞻儿的学业打个深厚的基础。只要私人生计勉强维持得下去，外交部文不调动你们，你便索性等到我六十岁时才回来祝寿，也不迟哩。

你们在坎虽清苦，但为桂儿姊弟计，比在菲律宾强多了。第一是养成节俭吃苦的习惯，第二是大陆的教育，到底比殖民地好得多。至于所做帮助我们家里的种种工作，其利益更是计算不出来了。据此说来，很该感谢王正廷的玉成，你们同意吗？

近来著述之兴大动，今晚本又想执笔，被王姨捣乱干涉，只好和你闲谈开开心，便去睡觉。这些零零碎碎写了好多天了，若不寄出又不知要耽搁几时，许多许多要说的话下次再谈吧！

前三个礼拜内，兴业汇去二千美元想已收，昨日又汇去一千，大概以后半年未必有力再汇了。

中原公司你们认股四百元已交去。

爹爹　十二月二十一日

致思顺书

1927 年 12 月 24 日

得前次书，已猜着几分你有喜信，这回连接两书知道的确了，我和王姨都极欢喜。王外长对我十二分恭敬，我倒不好意思为这点小事直接写信给他。他和吴柳隅极熟，今日已写一封极恳切的信给柳隅，看有办法没有，能有最好。万一不能，就在营业款项上挪用些，万不可惜费，致令体子吃亏。须知你是我第一个宝贝，你的健康和我的幸福关系大着哩。好孩子，切须听爹爹的话。

北方局面看着快要完了。希哲倒没有十分难处，外面使领馆很多，随众人的态度为态度便是。你一时既不能上路，便安心暂住那边，最多是到时把总领事头衔摔下，用私人资格住到能行时为止。这都是等临时定局。目下中国事情谁也不能有半年以上的计划，有也是白饶。

营利方针，本来是托希哲全权办理，我绝不过问的，既是对于分裂之股，你们俩人意见不同，那么就折衷办理，留一半，售去一半，何如？

几日来颇想移家大连，将天津新旧房舍都售去，在大连叫思成造一所理想的养老房子。那边尚有生意可做，我想希哲回来后，恐怕除了在大连开一个生意局面外，别的路没有可走，但这是一年后的话，现在先说说罢了。

思永明年回到哈佛，或者把庄庄交给他，你的行动便可以自由，这也是后话，那时再说。

范静生昨晨死去，可伤之至。他是大便失血太多，把身子弄虚弱了，偶得感冒小病，竟至送命。我一年以来，我们师徒两人见面（我两次入协和时，他也在那里），彼此都谆劝保养。但静生凡事看不开，不会自寻娱乐，究竟算没有养到。半年来我把图书馆事脱卸交给他，也是我对不住他的地方。他死了，图书馆问题又网到我身上，但我无论如何，只好摔下。别的且不说，那馆在北海琼华岛上，每日到馆要上九十三级石梯，就这一点我已断断乎受不住了。

这几次写信都没有工夫，特别和忠忠、庄庄两人说话，但每想起他们，总是欢喜的。

民国十六年十二月二十四日

致思达书

1928 年 1 月 12 日

达达：

本想今日出院，因为治疗有效，医生劝多住几天，看进步如何，大约下礼拜五六乃出，总之必回家过年。

这几天的好处，第一是心脏缩小，第二是血球增加，至于小便仍常常带红，但亦有时甚清。

前后灌了两次血，大抵灌血功效极大，以后或者每月灌一回。

前几天专叫我吃肝（牛肝、羊肝），说是最补血，但这两天又停了，说是补得太多也不好。隔天吃一顿鸡，每天吃一次鸡汤煮挂面，其余都是吃素，但咖啡茶等已不禁了，豆类也常吃。

在医院没有什么不好，只是睡觉不均匀，每晚八九点钟便迷糊睡着，两三点便醒，常常到天亮不再睡，每睡不好，小便必红。

初进院时发烧，医生不许下床，近三日已不禁止了，但我仍终日睡在床上，没有到过客厅一次。

这封信给娘娘看过后，便写信给姊姊们看，因为我懒得写信给他们，你并告诉姊姊说外交部前几天电汇二千美金给他们，他收到没有？

这两天姊姊们有信来，可寄来协和，若再过两三天，便不必寄了，等我回家再看。老白鼻要什么东西，叫他自己写信来要。

民国十七年一月十二日

致思成书

1928年2月12日

思成：

得姊姊电，知你们定三月行婚礼，想是在阿图利吧。不久当有第二封信了（故宫委员事等第二电来再定办法）。国币五千或美金三千可以给你，详信已告姊姊。在这种年头，措此较大之款，颇觉拮据，但这是你学问所关，我总要玉成你，才尽我的责任。除此间划拨那二千美金外，剩下一千，若姊姊处凑不出这数目，你们只好撙节着用，或少到一两处地方罢了。我前几封信都主张你们从海道回国，反对走西伯利亚铁路，但是若为省钱计，我亦无可无不可。若走西伯利亚，要先期告我，等我设法，令你们入境无阻滞。你脚踏到欧陆之后，我盼望你每日有详细日记，将所看的东西留个影像（凡得意的东西都留他一张照片），可以回来供系统研究的资料。若日记能稍带文学的审美的性质回来，我替你校阅后，可以出版，也是公私两益之道。今寄去名片十数张，你到欧洲往访各使馆时，可带着投我一片，问候他们，托其招呼，当较方便些。你在欧洲不能不借使馆作通信机关，否则你几个月内不会得着家里人只字了。你到欧后，须格外多寄些家信（明信片最好），令我知道你一路景况。此外还有许多话，叫思永告诉你，想已收到了。

民国十七年二月十二日

致孩子们书

1928年2月13日

孩子们：

我这封信叫思永写的，你们不要奇怪，为什么我自己不写写，因为才从医院出来，要拿笔怕你们干涉，所以口讲叫思永写。又因为我就想著一本小书，口述叫思永写，现在练习试试。

你们这些孩子真是养得娇，三个礼拜不接到我的信就撅嘴了，想外面留学生两三个月不接家信不算奇怪。我进医院有三个礼拜了，再不写信，你们又不知道怎样抱怨了，所以乘今天过年时，和你们谈谈。

这回在医院里经过的情形，思永已报告过了。本来前四天已要退院，忽然有点发烧，被医生留着，昨天还是像前年达达那样要求医生放假出来过年，因为热度没有十分退，不过出来很好，坐火车后热度退了一度，一直到今天，人非常精神。这回住医院的结果，他们治疗的方针很有点变更，专注重补血。自从灌了两回血之后，很有功效，我最高兴的是他们不叫我吃素了，连鸡蛋都一天给我两个吃了。但是他们虽说蛋白质可吃，都劝不要吃太多，却是算来在家里所吃的肉品比在医院里还少，所以往后养病，对食品没有什么刻苦，还与从前一样。

医生说工作是可以做的，不过要很自由的，要放下就放下，但是有固定的职务的事，是不相宜的，所以我决计把清华都辞脱了。以后那就依着医生的话，要做什么工作，高兴一天做两三点钟，总之，极力从“学懒”的方面来做，虽然不甘心受这“老太爷的生活”，只好勉强一年几个月再说。

我想忠忠和庄庄两人要格外噘嘴，因为我前几封几乎完全讲关于思成的事，完全没有理会到他们。不过这封信还是从思成他们的事说起。

思成、徽音婚礼的事，定了没有？我希望还是依我前头几封信那样办，思成这回的信，说是要五千国币或三千美金，我可以给他。前头寄去给思顺的钱，通共一万六千，现在把最末的一千提出来，剩下一万五千做资本就是了。过一两天我再寄一千美金去，共二千，还有一千就请希哲变把戏，谅来他总有本事可以变出来，关于庄庄今年的学费，不久我这边还可筹资本过去，大概两三个月内，或者再汇一二千添上资本去。到下半年保险费也来了，待到手之后，也要全部寄希哲经理的，谅来虽然现在提开二千美金，我看希哲有方法了得了罢。

思成这回去游欧洲，是你的学问上一部分很重要的事业，所以，我无论怎样困难，你们的游费总想供给得够才行。这回之后我做爹爹的义务就算尽完了。我想你到去的地方，除了美、德、法之外，是北部的瑞典、挪威，南部的西班牙、土耳其，只要能去，虽然勉强，我还是希望你到这几个地方看看，回来的时候，不要搭西伯利亚铁路，总是走印度洋的好。因为（由俄国来的）入境时青年男女极危险的，所以这笔钱是省不了的。你们细细打听，做通盘预算，看要用多少钱。我想有了三千，再加清华一千，你们旅行中要过苦点的日子，或者可以够了。若是徽音家里，依着成的信，可以贴补点钱，那是更好了，就是不能，勉强这四千何如？实在不够时我再勉力，我看也未常不可以罢。

北京图书馆要买的书，我已叫他们把书单和支票赶紧寄加拿大总领事馆了，钱在伦敦银行才可以支。我想这些书大多在欧洲买，而且钱到时，你们已离美洲了，美洲的书不用买了。书单是三个人开来的，只是供你们参考，最后还是你自己决定。我的意思，以买美术基本常识的书为主，或者稀见难得的书碰机会买些。总而言之，以买基本书为主，无论英、法、德等都可以。

希哲真能干，他若是依着思顺来的信，在那边三年，我们家里以后的生计问题都可以解决了。股份的去留都完全由他，无须写信来问，问了我也不清楚。

思顺，你现在有身的时候，要自己格外保养，因为前一回的时候，你妈妈可以跑去，现在你一个在外面，我同王姨都很担心。你来信说希哲很管你，我说很该。你说老白鼻和你，爹爹是不会骂的，不过那老白鼻最怕爹“瞪眼”，你以后要不听希哲的话，他写信来告你时，我也要“瞪眼”哩！庄庄，你胖到这样怎么了，我们现在都想象你的身圆溜溜的样子。前几天娘娘还给你寄些衣服去，你穿得穿不得？你现在功课比从前忙多了。过了暑假后，也渐渐格外专门，怕比从前更忙。你的体子本来还好，我也不十分担心，不过也要节制。每日要拿出几点钟来，每礼拜天拿出天把来玩玩，因为做学问，有点休息，从容点，所得还会深点，所以你不要只埋头埋脑做去。

暑假后，你若想到美国去，三哥也已回去了，跟着你三哥也很好，若是你觉得你们这学校很好，不愿离开，或者你学校的先生们都愿你在那儿毕业，就在那儿读完也可以的。因为想来你姊姊一两年内不会离开加拿大。这样，你或留坎留美在那边开个家庭会议决定罢。

忠忠挨打想该挨完了罢？你到底预备在维校几年？我想你在威校学习政治，总要弄到毕业才好；维校完了之后，还回去威校一年，你的意思怎样？我不久就要出一本小册子，讲我政治上的主张，其中讲军事的也很多，大概在暑假前后就可以出来，你看见之后一定加增许多勇气，还可以指导你一条路。你要的书，因为灿哥在北京的时候多，没有交他寄去，以后看见这些书时，给你寄去就是了。

好几年都是在外边过的“野年”，今年可算是在家过年，险些儿被医院扣留了。现在回到家很高兴，孩子们（这边适半）得了压岁钱，十分高兴，不过过了几回桥，又给我得回来不少，还要赶绵羊，老白鼻做庄，输了钱，大声哭起来了。

桂儿，你的盂城好玩不好玩？老白鼻有一天问公公说：“我的干姑娘为什么用我做干爹？”(这是老白鼻自己的话。)公公实在答不出来，你写封“安禀”来，详细的把理由告诉他罢。

瞻儿，我听说你在学校里，老把第一把交椅把着不肯让给别人，公公高兴得很。你每天在学校里出来多玩回罢，不然以后真要变成书呆子了。

斐儿，我听说你会弹琴了。你快弹一个，用无线电打回来。公公这里有收音机。我同老白鼻也要听听。

爹爹（思永代笔）　正月二十二日

这封信虽然是我写的，却是里边的话几乎一个一个字都是爹爹说的，这就是记下来的诺尔德（Note），懒得再抄一遍，请你们对付着看罢。

思永

致思成夫妇书

1928 年 4 月 26 日

我将近两个月没有写“孩子们”的信了，今最可以告慰你们的，是我的体子静养极有进步，半月前入协和灌血并检查，灌血后红血球竟增至四百二十万，和平常健康人一样了。你们远游中得此消息，一定高兴百倍。思成和你们姊姊报告结婚情形的信，都收到了，一家的家嗣，成此大礼，老人欣悦情怀可想而知。尤其令我喜欢者，我以素来偏爱女孩之人，今又添了一位法律上的女儿，其可爱与我原有的女儿们相等，真是我全生涯中极愉快的一件事。你们结婚后，我有两件新希望：头一件你们俩体子都不甚好，希望因生理变化作用，在将来健康上开一新纪元；第二件你们俩从前都有小孩子脾气，爱吵嘴，现在完全成人了，希望全变成大人样子，处处互相体贴，造成终身和睦安乐的基础。这两种希望，我想总能达到的。近来成绩如何，我盼望在没有和你们见面之前，先得着满意的报告。你们游历路程计划如何？预定约某月可以到家？归途从海道抑从陆路？想已有报告在途。若还未报告，则得此信时，务必立刻回信详叙，若是西伯利亚路，尤其要早些通知我，当托人在满洲里招呼你们入国境。

你们回来的职业，正在向各方面筹划进行，虽然未知你们自己打何主意。一是东北大学教授，东北为势最顺，但你们专业有许多不方便处，若你能得清华，徽音能得燕京，那是最好不过了。一是清华学校教授，成否皆未可知，思永当别有详函报告。另外还有一件“非职业的职业”——上海有一位大藏画家庞莱臣，其家有唐（六朝）画十余轴，宋元画近千轴，明清名作不计其数，这位老先生六十多岁了，我想托人介绍你拜他门（已托叶葵初），当他几个月的义务书记，若办得到，倒是你学问前途一个大机会。你的意思如何？亦盼望到家以前先用信表示。你们既已成学，组织新家庭，立刻须找职业，求自立，自是正办，但以现在时局之混乱，职业能否一定找着，也很是问题。我的意思，一面尽人事去找，找得着当然最好，找不着也不妨，暂时随缘安分，徐待机会。若专为生计独立之一目的，勉强去就那不合适或不乐意的职业，以致或贬损人格，或引起精神上苦痛，倒不值得。一股毕业青年中大多数立刻要靠自己的劳作去养老亲，或抚育弟妹，不管什么职业得就便就，那是无法的事。你们算是天幸，不在这种境遇之下，纵令一时得不着职业，便在家里跟着我再当一两年学生（在别人或正是求之不得的），也没什么要紧。所差者，以徽音现在的境遇，该迎养他的娘娘才是正办，若你们未得职业上独立，这一点很感困难。但现在觅业之难，恐非你们意想所及料，所以我一面随时替你们打算，一面愿意你们先有这种觉悟，纵令回国一时未能得相当职业，也不必失望沮丧。失望沮丧，是我们生命上最可怖之敌，我们须终生不许他侵入。

《中国宫室史》诚然是一件大事业，但据我看，一时很难成功，因为古建筑十九被破坏，其所有现存的，因兵乱影响，无从到内地实地调查，除了靠书本上资料外，只有北京一地可以着手。书本上资料我有些可以供给你，尤其是从文字学上研究中国民初建筑，我有些少颇有趣的意见，可惜未能成片段，你将来或者用我所举的例继续研究得有更好的成绩。幸而北京资料不少，用科学的眼光整理出来，也很够你费一两年工夫。所以我盼望你注意你的副产工作，即《中国美术史》。这项工作，我很可以指导你一部分，还可以设法令你看见许多历代名家作品。我所能指导你的，是将各派别提出个纲领，及将各大作家之性行及其时代背景详细告诉你，名家作品家里头虽然藏得很少（也有些佳品为别家所无），但现在故宫开放以及各私家所藏，我总可以设法令你得特别摩挲研究的机会：这便是你比别人便宜的地方。所以我盼望你在旅行中便做这项工作的预备。所谓预备者，其一是多读欧人美术史的名著，以备采用他们的体例。关于这类书认为必要时，不妨多买几部。其二是在欧洲各博物馆、各画苑中见有所藏中国作品，特别注意记录。

回来时立刻得有职业固好，不然便用一两年工夫，在著述上造出将来自己的学术地位，也是大佳事。

你来信终是太少了，老人爱怜儿女，在养病中以得你们的信为最大乐事，你在旅行中尤盼将所历者随时告我（明信片也好），以当卧游，又极盼新得的女儿常有信给我。

民国十七年四月二十六日

清华教授事或有成功的希望，若成功（新校长已允力为设法）则你需要开学前到家，届时我或有电报催你回来。二十八日又书。

致思顺书

1928 年 4 月 28 日

两个月没有亲笔写“孩子们”的信，你们只怕望眼欲穿了。好在思永、达达们的信不少，你们对于我的体子，当可放心。现在最好的消息，是血球已增至四百二十万，便血虽未全止，比从前总是清得很多。此外精神极旺盛，胃口极好，不必多说。

报告婚礼情形，各信都收到了，在不丰不俭之间，办得极庄严极美丽，正合吾意。现在又预备新人到家谒祖时的热闹了，届时再报告你们。

这回经济上的筹划供给，全亏了希哲，只是太劳苦他了。我真是当了老太爷，你们这些弟弟妹妹们，得着这样的姊夫姊姊，也大便宜了。

你来信说从七月起将家用全部担任，这却不必，以现在情形论，本年内家用尚很有敷余，现在家用折中尚存四千元左右，两月内尚有其他股息可收，商务印书馆售书收入亦尚有，所以一直到本年年底，还用不着你们接济。若将钱寄回来，倒无安放处（稳妥），不如留在外边生利。我的意思最好是你们将所拟寄回接济家用之款留起来算借给你们作为资本，例如你预备每月寄回二百金，你便按月将这二百金存储，算是借给你们，不用计息，将来把本钱归还便是。如此则半年内你们亦得千二百金资本，一年得二千四百资本，岂不是可以帮助许多吗。你们也借此做些少营业，弥补在外的亏空，如此一举两得，岂非最好。将来若家里需要接济时，预先一两个月告诉你们便得了。保险费全数只有三万三千元，除扣除借款外，只有一万六千八百余元，收到后当即汇来，所汇只能有美金八千。外交部索欠事，已函罗钧任，尚未得复。此次恐怕无效，因为最近各机关收入都归所谓“政费委员会”

者管理，外交部还能否有特别通融之路，殊不敢知。

庄庄暑期内特别用费可即付，以后凡这类事，你全权办理，不必来问，徒费时日，或者我懒得写信时，便耽误了。总之，我的孩子个个都不会浪费，你做姊姊的，尤其会斟酌支配，你瞧着该怎么办便怎么办，我无不同意，何必常常来麻烦我呢。

这信到时，计算着你快要分娩了，我正天天盼平安喜电哩，我也极望添一个孙女儿，得电后即命名寄去。

要说的话很多，一时想不起来，先把这几张纸写去罢。

民国十七年四月二十八日

致思顺书

1928 年 5 月 4 日

三日前一短信，想收到，外交部索欠恐绝对的无办法，因为这一两年来外交部全靠船钞收入挹注，现在船钞已由南方截留净尽，部中已干瘪，你们别要再指望罢。

关于思成职业问题，你的意见如何？他有点胡闹，我在几个月以前，已经有信和他商量，及此他来信一字不提（根本就来信太少），因此我绝不知他打何主意，或者我所替他筹划的事，他根本不以为然，我算是白费心了。这些地方，他可谓少不更事，朋友们若是关心自己的事，替自己筹划，也应该急速回信给他一个方针，何况尊长呢？他不愿以自己的事劳动我的思虑，也是他的孝心，但我既已屡屡问及他，总要把他意旨所在告诉我才是。我生性爱管闲事，尤其是对于你们的事，有机会不能不助一臂之力，但本人意思如何，全未明白，那真难着手了。你去信关于这些地方，应该责备他、教导他一下。

民国十七年五月四日

致梁思成书

1928 年 5 月 4 日

思成：

你的清华教授闻已提出评议会了，结果如何，两三天内当知道。此事全未得你同意，不过我碰有机会姑且替你筹划，你的主意何在？来信始终未提（因你来信太少，各事多不接头），论理学了工程回来当教书匠是一件极不经济的事，尤其是清华园，生活太舒服，容易消磨志气，我本来不十分赞成，朋友里头丁在君、范旭东都极反对，都说像你所学这门学问，回来后应该约人打伙办个小小的营业公司，若办不到，宁可在人家公司里当劳动者，积三两年经验打开一条生活新路。这些话诚然不错，以现在情形论，自组公司万难办到（恐必须亏本。亏本不要紧，只怕无本可亏。且一发手便做亏本营业，也易消磨志气）。你若打算过几年吃苦生涯，树将来自立基础，只有在人家公司里学徒弟（这种办法你附带着还可以跟着我做一两年学问也很有益），若该公司在天津，可以住在家里，或在南开兼些钟点。但这种办法为你们计，现在最不方便者是徽音不能迎养其母。若你得清华教授，徽音在燕大更得一职，你们目前生活那真合适极了（为我计，我不时到清华，住在你们那里也极方便）。只怕的是“晏安鸩毒”，把你们远大的前途耽误了。两方面利害相权，全要由你们自己决定。不过我看见有机会不能放过，姑且替你预备着一条路罢了。

东北大学事也有几分成功的希望，那边却比不上清华的舒服（徽音觅职较难），却有一样好处——那边是未开发的地方，在那边几年，情形熟悉后，将来或可辟一新路。只是目前要挨相当的苦。还有一样——

政局不定（这一着虽得清华也同有一样的危险），或者到那边后不到几个月便根本要将计划取消。

以上我只将我替你筹划的事报告一下，你们可以斟酌着定归国时日。

爹爹　五月四日

致思顺书

1928 年 5 月 8 日

不能和思成直接通信，真是着急，别信可急寄去或撮举大意再发电告彼。

时局益加混沌，但京、津间或尚可苟安若干时日。

我清华事到底不能摆脱，我觉得日来体子已渐复元，虽不能摆脱，亦无妨，因为我极舍不得清华研究院。思永大不以为然，大大地撅嘴。别的话改天再谈。

民国十七年五月八日

致梁思成书

1928 年 5 月 8 日

思成：

昨日杨廷宝来，言东北大学事，该大学理科学长高介清亦清华旧同学，该大学有建筑专系，学生约五十人，秋后要成立本科（前是预科），曾欲聘廷宝，渠不能往（渠在基泰公司）荐汝自代，薪俸月二百八十元，总算甚优，廷宝谓奉天建筑事业极发达，而工程师无一人，汝在彼任教授，同时可以组织一营业公事房，立此基础，前途发展不可限量。渠甚望汝先往开辟，渠将来尚思与汝打伙云云。津沪等处业此者多难与竞争，我虽未得汝同意，已代汝应允矣。惟该系既属创办，汝之聘或即是该系主任，故开学前应有许多准备，故盼汝最迟能以阳历八月十号前到家乃好。已别发一电促归，恐不明白，故急发此信。

清华事亦已提出评议会，惟两事比较，似东北前途开展之路更大，清华园是“温柔乡”，我颇不愿汝消磨于彼中，谅汝亦同此感想。

归期既如此匆促，则非走西伯利亚铁路不可，车期定后，务必发一电来，我当托哈尔滨中国银行或浙江兴业银行特派一人往满洲里招呼入境（电中须声明日期）。我或在北戴河东站迎汝。

我身子极好，便血几将肃清，勿念！

爹爹　五月八日

致思顺书

1928 年 5 月 13 日

昨日电汇美金八千，又另一电致思成，想皆收。

保险费共得三万三千，除去借款外，万六千余恰好合八千金，寄坎营业资本，拟即从此截止。此后每月尚有文化基金会还我从前保单押款五百元，至明年二月乃满，但此款暂留作家用，不寄去了。

在寄去资本总额中，我打算划出三千或五千金借给你们营业，俾你们得以维持生活，到将来，营业结束时，你们把资本还我便是了。因为现在思成婚礼既已告成，美中无须特别用款，津中家用现在亦不须仰给于此，有二万内外资本去营业，所收入已很够了。你在外太刻苦，令我有点难过，能得些贴补，少点焦虑，我精神上便增加愉快。

此信到时，计算你应该免身了，我正在天天盼望平安喜电哩。你和忠忠来信，都说“小加儿”，因此我已经替他取得名字了，大名叫做“嘉平”，小名就叫“嘉儿”，不管是男是女，都可用（若是男孩外国名可以叫做查理士）。新近有人送我一方图章，系明末极有名的美术家蓝田叔（《桃花扇》中有他的名字）所刻“嘉平”两字，旁边还刻有黄庭经五句，刻手极精，今随信寄去，算是公公给小嘉儿头一封利是。

思成（目前）职业问题，居然已得解决了。清华及东北大学皆请他，两方比较，东北为优，因为那边建筑事业前途极有希望，到彼后便可组织公司，从小规模办起，徐图扩充，所以我不等他回信，径替他做主辞了清华，清华太舒服，会使人懒于进取。就东北聘约了你，谅来也同意吧。但既已应聘，九月开学前须到校，至迟八月初要到家，到家后办理庙见大礼，最少要十天八天的预备，又要到京拜墓，时日已不大够用了。他们回闽省亲事，只怕要迟到寒假时方能举行。庄庄今年考试，纵使不及格，也不要紧，千万别要着急，因为他本勉强进大学，实际上是提高（特别）了一年，功课赶不上，也是应该的。你们弟兄姊妹个个都能勤学向上，我对于你们功课绝不责备，却是因为赶课太过，闹出病来，倒令我不放心了。

看你们来信，像是觉得我体子异常衰弱的样子，其实大不然。你们只要在家里看见我的样子，便放下一千万个心了。你们来信像又怕我常常有忧虑，以致损坏体子，那更是误看了。你们在爹爹膝下几十年，难道还不知道爹爹的脾气吗？你们几时看见过爹爹有一天以上的发愁，或一天以上的生气？我关于德性涵养的功夫，自中年来很经些锻炼，现在越发成熟，近于纯任自然了，我有极通达、极强健、极伟大的人生观，无论何种境遇，常常是快乐的，何况家庭环境，件件都令我十二分愉快。你们弟兄姊妹个个都争气，我有什么忧虑呢？家计虽不宽裕，也并不算窘迫，我又有什么忧虑呢？

此次灌血之后，进步甚显著，出院时医生说可以半年不消再灌了。现在实行“老太爷生活”，大概半年后可以完全复原，现在小便以清为常态，偶然隔十天八天小小有点红，已成例外了。你们放一万个心罢。

时局变化甚剧，可忧正多，但现在也只好静观，待身子完全复原后，再作道理。

北戴河只怕今年又去不成，也只好随缘。天津治安秩序想不成问题，我只有守着老营不动。

民国十七年五月十三日

致梁思成、林徽音书

1928 年 5 月 14 日

思成、徽音：

近日有好几封专给你们的信，由姊姊那边转寄，只怕到在此信之后。

你们沿途的明信片尚未收到。巴黎来的信已到了，那信颇有文学的趣味，令我看着很高兴。我盼望你们的日记没有间断。日记固然以当日做成为最好，但每日参观时跑路极多，欲全记甚难，宜记大略而特将注意之点记起（用一种特别记忆术），备他日重观时得以触发续成，所记范围切不可宽泛，专记你们共有兴味的那几件——美术、建筑、戏剧、音乐便够了，最好能多作“漫画”。你们两人同游有许多特别便利处，只要记个大概。将来两人并着覆勘原稿，彼此一谈，当然有许多遗失的印象会复活许多，模糊的印象会明了起来。

能做成一部“审美的”游记也算得中国空前的著述。况且你们是蜜月快游，可以把许多温馨芳洁的爱感，迸溢在字里行间，用点心做去，可成为极有价值的作品。

东北大学和清华大学都议聘思成当教授，东北尤为合适。今将李同来书寄阅——杨廷宝前几天来面谈，所说略同。关于此事，我有点着急，因为未知你们意思如何（多少留学生回来找不着职业，所以机不可失）。但机会不容错过，我已代你权且答应东北（清华拟便辞却），等那边聘书来时，我径自替你收下了。

时局变化剧烈，或者你们回来时，两个学校都有变动，也未可知，且不管它，到那时再说，好在你们一年半载不得职业也不要紧。

但既就教职，非九月初到校不可，欧游时间不能不缩短，很有点可惜。而且无论如何赶路，怕不能在开学前回福州了。只好等寒假再说。关于此点，我很替徽音着急。又你们既决就东北，则至迟八月初非到津不可，因为庙见大礼万不能不举行。举行必须你们到家后有几天的预备才能办到。庙见后你们又必须入京省墓一次，所以在京津间最少要有半个月以上的工夫。赶路既如此忙迫，不必把光阴费在印度洋了，只好走西伯利亚罢。但何日动身、何日到本国境，总要先二十来天发一电来，等我派人去招呼，以免留滞。

我一月来体子好极了，便血几乎全息，只是这一个多月过“老太爷生活”，似乎太过分些，每天无所事事，恰好和老白鼻成一对。

今天起得特别早，太阳刚出，便在院子里徘徊，“绿阴幽草胜花时”，好个初夏天气也。

爹爹　五月十四日

徽音的信，我懒得回他了。你去信最要紧叫他到上海时电告船期，塘沽登岸无人接，甚是不妥。

致思成书

1928 年 6 月 10 日

昨日得电，问清华教什么，清华事有变动，前信已详，计日内当到，所以不复电，再用信补述一下。

前在清华提议请你，本来是带几分勉强的，我劝校长增设建筑图案讲座，叫你担任，他很赞成，已经提出评议会。闻会中此类提案甚多，正付审查未表决，而东北大学交涉早渐成熟。我觉得为你前途立身计，东北确比清华好（所差者只是参考书不如北京之多），况且东北相需甚殷，而清华实带勉强。因此我便告校长，请将原案撤回，他曾否照办，未可知，但现在已不成问题了。清华评议会许多议案尚未通过，新教习聘书一概未发（旧教习契约满期者亦尚未续发），而北京局面已翻新，校长辞职，负责无人，下学期校务全在停顿中。该校为党人所必争，不久必将全体改组，你安能插足其间？前议作罢，倒反干净哩。

现在剩下的是东北问题。那方面本来是略已定局的，但自沈阳炸弹案发生后，奉天情形全在混沌中，此间也不能得确实消息，恐怕奉天不能安然无事的。下学期东北能否开学，谁也不敢说，现在只得听之。大约一个月内外，形势也可判明了。当此乱世，无论何种计划都受政治波动，不由自主，你回来职业问题有无着落，现在也不敢说。这情形，我前信早已计及，想你也已有觉悟和准备。

东北大学情形如何虽未定局，但你仍以八月前赶回最好。那时京、奉交通能否恢复，未可知（现在不通），你若由铁路来，届时绕大连返津，亦无不可。

在国境上若无人往接，你到哈尔滨时，可往浙江兴业银行或中国银行接洽。

北京图书馆寄去买书费，闻只五十镑，甚为失望。该款寄伦敦使馆交你，收到后即复馆中一信（北海公园内北京图书馆，非松馆也），为要。

民国十七年六月十日

致思顺书

1928 年 6 月 19 日

这几天天天盼你的安电，昨天得到一封外国电报以为是了，打开来却是思成的，大概三五天内，你的好消息也该到哩。

天津这几天在极混乱极危急中，但住在租界里安然无事，我天天照常地读书玩耍，却像世外桃源一般。

我的病不知不觉间已去得无影无踪了，并没有吃药及施行何种治疗，不知怎样竟然自己会好了。中间因着凉，右膀发痛（也是多年前旧病），牵动着小便也红了几天，膀子好后，那老病也跟着好了。

近日最痛快的一件事，是清华完全摆脱，我要求那校长在他自己辞职之前先批准我辞职，已经办妥了。在这种形势之下，学生也不再来纠缠，我从此干干净净，虽十年不到北京，也不发生什么责任问题，精神上很是愉快。

思成回来的职业，倒是问题，清华已经替他辞掉了，东北大学略已定局，惟现在奉天前途极混沌，学校有无变化，殊不可知，只好随遇而安罢，好在他虽暂时不得职业，也没甚紧要。

你们的问题，早晚也要发生，但半年几个月内，怕还顾不及此，你们只好等他怎么来怎么顺应便是了。

我这几个月来生活很有规则，每天九时至十二时，三时至五时做些轻微而有趣的功课，五时以后照例不挨书桌子，晚上总是十二点以前上床，床上看书不能免，有时亦到两点后乃睡着，但早上仍起得不晚。（以上两纸几天以前写的，记不得日子了。）

三天前得着添丁喜安电，阖家高兴之至，你们盼望添个女孩子，却是王姨早猜定是男孩子，他的理由说是你从前脱掉一个牙，便换来一个男孩，这回脱两个牙，越发更是男孩，而且还要加倍有出息，这些话都不管他。这个饱受“犹太式胎教”的孩子，还是男孩好些，将来一定是个陶朱公。这回京津意外安谧，总算万幸，天津连日有便衣队滋扰，但闹不出大事来，河北很遭殃（曹武家里也抢得精光），租界太便宜了。

思永关在北京多天，现在火车已通，廷灿、阿时昨今先后入京，思永再过两三天就回来，回来后不再入京，即由津准备行程了。

王姨天天兴高采烈地打扮新房，现在竟将旧房子全部粉饰一新了（全家沾新人的光），这么一来，约也花千元内外。

奉天形势虽极危险，但东北大学决不致受影响，思成聘书已代收下，每月薪金二百六十五元（系初到校教员中之最高额报酬）。那边建筑事业将来有大发展的机会，比温柔乡的清华园强多了。

现在总比不上在北京舒服，不知他们夫妇愿意不。尚未得他信，他来信总是很少。我想有志气的孩子，总应该往吃苦路上走。

思永准八月十四由哈尔滨动身，九月初四可到波士顿，届时决定抽空来坎一行。

家用现尚能敷衍，不消寄来，但日内或者需意外之费五千元，亦未可知，因去年在美国赔款额内补助我一件事业，原定今年还继续一年，若党人不愿意，我便连去年的也退还他。若需用时，电告你们便是。

我的旧病本来已经好清楚了两个多月，这两天内忽然又有点发作（但很轻微），因为批阅清华学生成绩，一连赶了二天，便立刻发生影响，真是逼着我过纯粹的老太爷生活了。现在功课完全了结（对本年的清华总算始全终），再好生将养几天，一定会复元的。

民国十七年六月十九日

致梁思顺书

1928 年 6 月 23 日

思顺：

三天前有封长信分给你们三人的，想已收。

思永昨天回到天津了（今天过节），今日正发一电，由巴黎使馆转思成，叫他务必尽七月底到家，赶着筹备他的学校新班（东北大学），他若能如期赶到，还可以和思永聚会几天哩。

北京一万多灾官，连着家眷不下十万人，饭碗一齐打破，神号鬼哭，惨不忍闻。别人且不管，你们两位叔叔、两位舅舅、一位姑丈都陷在同一境遇之下（除七叔外，七叔比较的容易另想办法），个个都是五六十岁的人，全家十几口，嗷嗷待哺，真是焦急杀人。现在只好仍拼着我的老面子去碰碰看，可以保全得三两个不？我本来一万个不愿意和那些时髦新贵说话（说话倒不见得定会碰钉子），但总不能坐视几位至亲就这样饿死，只好尽一尽人事（廷灿另为一事，他是我身边离不开的人，每月百把几十块钱，我总替他设法）。若办不到，只好听天由命，劝他们早回家乡，免致全家做他乡馁鬼。

（你二叔大概有些少积蓄，可勉强支持一两年；十四舅大约可坐食一年；七叔倒好，他有打算，他这两年内居然积下一千多，回家去歇年把，没有职业也还可以；十五舅和姑丈最不了，手边一文俱无，孩子却都成打。）

你前几次来信，都说从你那边招呼家用，本来是用不着的，但现在计划下来，很要几项特别支出：其一是思永盘费一千元，本来早在预算内的；其二福鬘在燕京大学还有两年或三年，十四舅是断不能供给了，我只好担起，打算趁思永未放洋以前交他；其三若七叔、姑丈、十五舅他们回家乡连盘费也没有，到万不得已不能不借（送）给他们，或许要千金也不定；其四现在修理房子，不知不觉也用去千元。这样东一笔西一笔下来，今年家用怕有点不敷了。希哲能多费点心血找三几千元弥补弥补，便不致受窘了。但现时也用不着，找得后存在你们那里听信便好。

我自己零用呢，很节省，用不着什么，除了有些万不得已的捐助借贷外，就只爱买点书，我很想平均每月有二百元（平常若没有特别支出，每月尚可腾出此数）的买书费，对于我的读书欲也勉强充足了，若实不够用时，此项费暂省也得。

京津间气象极不佳，四五十万党军屯聚畿辅（北京城圈内也有十万兵，这是向来所无的现象）。所谓新政府者，不名一钱，不知他们何以善其后。党人只有纷纷抢机关、抢饭碗（京津间每个机关都有四五伙人去接收），新军阀各务扩张势力，满街满巷打旗招兵（嘴里却个个都说要裁兵）。你想这是何等气象，只怕过八月节时，不全像端节的和平哩。

全家都去看电影，我独自一人和你闲谈这几张纸。

爹爹　六月二十三日

思成他们在家十几天真快乐（中间入京两次，真正享家庭快活不过两礼拜内外），除了陪我闲谈外，大抵他们总是和十来年惯例一样，以王姨的卧房当俱乐部，在那里瞎谈家常，他们最喜欢拉老郭谈，每晚把我催眠之后，便叫老郭嚼牙根嚼到一两点。顺儿听见这种生活，想也恨不得快点飞回家吧！

给孩子们书

1928 年 8 月 22 日

新人到家以来，全家真是喜气洋溢。初到那天看见思成那种风尘憔悴之色，面庞黑瘦，头筋涨起，我很有几分不高兴。这几天将养转来，很是雄姿英发的样子，令我越看越爱。看来他们夫妇体子都不算弱，几年来的忧虑，现在算放心了。新娘子非常大方，又非常亲热，不解作从前旧家庭虚伪的神容，又没有新时髦的讨厌习气，和我们家的孩子像同一个模型铸出来。所以全家人的高兴，就和庄庄回家来一般，连老白鼻也是一天挨着二嫂不肯离去。

我辞了图书馆长以后，本来还带着一件未了的事业，是编纂《中国图书大辞典》，每年受美国庚款项下津贴五千元。这件事我本来做得津津有味，但近来廷灿屡次力谏我，说我拖着一件有责任的职业，常常工作过度，于养病不相宜。我的病态据这大半年来的经验，养得好便真好，比许多同年辈的人都健康，但一个不提防，却会大发一次，发起来虽无妨碍，但经两三天的苦痛，元气总不免损伤。所以我再三思维，已决意容纳廷灿的忠告，连这一点首尾，也斩钉截铁地辞掉。本年分所领津贴已经退还了（七月起），去年用过的五千元（因为已交去相当的成绩），论理原可以不还，但为省却葛藤起见，打算也还却。现在定从下月起，每月还二百元，有余力时便一口气还清。你们那边营业若有余利时，可替我预备这笔款，但不忙在一时，尽年内陆续寄些来便得。

民国十七年八月二十二日

致梁思顺书

1928 年 9 月 2 日

顺儿：

十天前在礼目上写了一大堆话，当信寄去，想已收。十天内连得你两封信，极高兴。果然不出你所料，思成到家后第二天，我的病又发了，发得很厉害，血块比前两回都多，好在时间短，不到一天已好了。虽然有小小发烧，睡了两天，却没有误了庙见。吉期那天的欢喜热闹，前信都讲过了。

你七月三十日信谈到你们的事，依我看只要你们不走，政府不会换人的。若是在马尼剌[1]或新加坡便不敢说，你们那地方没有人打主意，纵令政府另派人，他连川资也拿不出来给人，那人也断不会自掏腰包跑去。还有一层，纵使有新人来接替你们，房子是自己的，顶多把领事馆挂牌卸下来，让他自找房子。你们爱在坎京住多时便住多时，不过把天津的二百五十元留支没有了而已。此外更无他事，有什么难解决呢？南京政府乱七八糟，一年内外更不会谈到换领事等事（尤其是没有收入的领事馆），我绝对的不愿意和你们现在的长官说话（这人再讨厌可鄙没有了），连间接托人说也不愿意，你们最好是当做没这回事，一切还是照自己原定计划做去便得了。

我太爱替亲爱的人管闲事、担忧虑，生性如此，无可如何。你二叔的事大抵可以马马虎虎，蝉联下去（钱现在是照常领）若干时，但真有点怄他的气，五十多岁的弟弟要老哥哥领他几手，像领老白鼻一样，

[1] 马尼剌，今译为马尼拉。

自己什么事都不动，以下该如何打出一条生路（本来很难，但虽难也不得不想法），他也不去努力。我真是爱莫能助了。七叔没有多大问题，或者南开中学就可得一席，不然等几个月也不相干。姑丈靠你妈妈十几年替他积存的几千块钱，现在倒真是救命了。

希哲回来做生意，没有第二个地方比东三省再好了。思成已经先在那边栽下一个根子，你们将来更方便了。在未回以前倒有些可以预备的事，他们现在决意开放门户，招纳外资，但须避免日本的捣乱，不能不想“暗度陈仓”那法子，现在他们决意办垦务（先从北满办起），想和美国人借农具，因为开垦最主要的资本就是农具（那边是大农制度，与美国从前情形同），借钱会惊动小鬼耳目，赊农具却没有话说，赊得几百万块钱的农具（合同可以定宽些，头一年二三百万），局面便立刻成立了。若有人好生接洽美国的农具工厂，谅来没有不欢迎，他们正要办这件事（昨天晚上罗钧任从奉天来才和我谈起），我想希哲在那边若有门路不妨兜揽这件事，目前既可以得相当的佣钱，以后和垦务发生关系，发展的机会更不知多少。还有北满的森林，若有材木公司想合办也是有办法的，这些话我告诉你们留意，你们若能找着投资的人，我这边总有信介绍。东三省现在决定采不管关内的方针，照此下去，十年生产力发达不可限量，这些话不妨替他宣传。

奉天又打我的主意，想设一个国学研究院（规模比清华大多了）找我主办，可惜我现在的身体是不能答应的。就令我高兴，你们也未必许我去，只盼望一年后能完全复原，脱离现在的“老太爷生活”才好。再谈。

思成入京十日，今晨才回。

思永现时想已在大西洋船上了。

九月二十二日

致思顺书

1928 年 10 月 12 日

九月六日、九日书同日到（九日的却早到几点钟）。希哲那位贵长官竟自有这一手，也颇出我意外，再一想他是要替新贵腾新加坡缺，潮尾卷到坎拿大亦毫不足怪，李骏谅未必肯来别派人。若那人耳目稍灵，知是赔钱地方亦当裹足不前，你们还是爱住多少时，便住多少时也。我一星期前正去信劝希哲和贵部长断绝来往，关起大门，料理自己的事。你九日来信所言正不谋而合，只管去一信索盘费，索不着以后可绝对的不理会矣。

现在所谓国民政府者，收入比从前丰富得多（尤其关税项下），不知他们把钱弄到哪里去了，乃至连使馆馆员留支都克扣去。新贵们只要登台三五个月，就是腰缠十万，所谓廉洁政府，如是如是。希哲在这种政府底下做一员官，真算得一种耻辱，不过一时走不开，只得忍耐。他现在撵你们走，真是谢天谢地。

写到这里，阿永由坎发来的信也到了，忠忠也有一封信来。阿永给伦敦信和给八爷的信片也是昨天到。两天内连接五六封信，真高兴。

我平常想你还自可，每到病发时便特别想得厉害，觉得像是若顺儿在旁边，我向他撒一撒娇，苦痛便减少许多。但因为你事实上既未能回家，我总不愿意说这种话。现在好了，我的顺儿最少总有三五年依着我膝下，还带着一群可爱的孩子——小小白鼻接上老白鼻——常常跟我玩。我想起八个月以后家里的新生活，已经眉飞色舞了。

你们回来，何必急急于在津买房子呢？卖了斐岛房产，当然该用来添做资本去另辟你们的新路，新房子现租给中原公司，几乎连半价的租钱——百二十元——都纳不起（工部局却要照三百六十元收营业税），常常拖欠一两个月，我们早已决意要收回了。催搬不下十数次，王搏沙只是死赖着，交情上只得放松时日。他本来答应年内必搬出，拟和他再切实订明，再不能过明年三月了，收回后却是不能租给别家，因为许多书放在房内，所以横竖总是空着。你们回来在那边住，不是最合适吗？我早打算那新房子，留着给你们姊妹弟兄——已结婚的——回来省亲的，轮流着住，有时两个以上同时回来，也可以够住。将来那边常有人住，不空着，便是我最大的快乐。你当老姊姊的，便做带头马，先住他三两年，岂不好极吗？（思成他们回家自有他们现在收拾得很好那两间房子。）希哲性情是闲不住的，回来不到两三个月，怕就要往外跑——为营业计，也该早去觅机会——跑出去做生意？只怕一年到头在家的时候也不能多，你带着几个孩子，何必另起炉灶，又费钱又费事呢。

回来后生意托给信托公司处理最好，一切由你们全权办理便得，最好是你们动身以前这几个月中，若有机会，把庄庄来年学费和永、庄两人回国川资都弄妥，交给他们。但数目太大，一时怕弄不够，那么交给信托公司办理，亦未尝不可。一切由你们斟酌自定。

今年家用略为差点，能有二三千回来便极好，否则我自有法子对付过去。

前信曾谈及怕生意闪手，现在风浪已过，大放心了，想七八月间，你们很着急罢。

思成说你们吃得太坏，我和全家人都不以为然。宁可别的节省，吃得坏会伤身子，于孩子尤不相宜。虽只有几个月，希望你们还是改良些。

姑丈（全家）已回南了，二叔事情可挨到年底（以后一点办法没有），七叔在南开教书，倒甚好。十四舅还是闲着，常常要我设法子，我实在爱莫能助，奈何。

民国十七年十月十二日

致思成书

1928 年 10 月 17 日

这回上协和一个大当。他只管医痔，不顾及身体的全部，每天两杯泻油，足足灌了十天，把胃口弄倒了。临退院还给了两大瓶，说是一礼拜继续吃，若吃多了非送命不可。也是我自已不好，因胃口不开，想吃些异味炒饭、腊味饭，乱吃了几顿，弄得胃肠一塌糊涂，以致发烧连日不止（前信言感冒误也）。人是瘦到不像样子，精神也很委顿，现由田邨医治，很小心，不乱下药，只是叫睡着（睡得浑身骨节酸痛），好容易到昨今两天热度才退完，但胃口仍未复原，想还要休息几日。古人谓“有病不治，常得中医”，到底不失为一种格言了。好在还没有牵动旧病。每当热度高时，旧病便有窃发的形势，热度稍降，旋即止息，像是勉强抵抗相持的样子。

姊姊和思永、庄庄的信都寄阅。姊姊被撵，早些回来，实是最可喜的事。我在病中想他，格外想得厉害，计算他们在家约在阳历七月，明年北戴河真是热闹了。

你营业还未有机会，不必着急，安有才到一两月便有机会找上门来呢？只是安心教书，以余力做学问，再有余力（腾出些光阴）不妨在交际上稍注意，多认识几个人。

我实在睡床睡怕了，起来闷坐，亦殊苦，所以和你闲谈几句。但仍不宜多写，就此暂止罢。

民国十七年十月十七日

附　录

梁启超子女简介

长女：梁思顺，诗词研究专家。

长子：梁思成，著名建筑学家，1948 年 3 月当选为中央研究院首届院士（人文组），其妻为著名建筑学家、作家林徽因。

次子：梁思永，著名考古学家，1948 年 3 月当选为中央研究院首届院士（人文组）。

三子：梁思忠，曾任国民党十九路军炮兵校官，因病早殇。

次女：梁思庄，著名图书馆学家。

四子：梁思达，著名经济学家。

三女：梁思懿，社会活动家。

四女：梁思宁，投奔新四军参加中国革命。

五子：梁思礼，著名火箭控制系统专家，1993 年当选为中国科学院院士。